KB114768

❝

부동산 관련 상식을 몰라서, 또는 알고 있더라도
막상 일이 닥치면 당황하지 않으십니까?
여기에 실린 부동산 상식만 잘 챙겨도 알뜰살뜰 내 집 마련,
부동산 재테크, 똑똑한 부동산 투자에
많은 도움이 됩니다.

NEW 부동산 생활백서 시즌2

❞

400만 온라인 회원이 검증한 **베스트 부동산 정보**

NEW
부동산 생활백서
season **2**

네이버, 매일경제, 신한은행 등 인기 연재 콘텐츠
머릿속에 콕 박히는 촌철살인 만화칼럼 제2탄!

부동산포털 NO.1
닥터@아파트 리서치연구소 지음

WINNER'S BOOK

부동산포털 NO.1 닥터아파트가 집필한 부동산 정보 백과사전
네이버, 매일경제, 신한은행 등 인기 제휴 콘텐츠!
1편에 이은 생활 속 부동산 상식, 핫이슈 100가지 단행본 출간!

재미와 정보를 한 권으로 묶었다!

온라인 400만 회원이 검증한 알아두면 약이 되는
생생한 부동산 정보 망라!

하나

1편에 이어 더욱 깊이 있고
차별화된 콘텐츠로 돌아왔습니다.
닥터아파트 부동산 전문가들이
생활에 가장 도움이 되는 고급 정보만
골라 만화로 구성했습니다.
현재 네이버, 매일경제, 신한은행
등에서 인기리에 연재되고 있는
생생한 부동산 이슈들을
만나보세요!

이중계약의 사례

- 전문사기꾼 A는 월세 임차한 아파트의 집주인을 가장해 주변 시세보다 싸게 온라인 직거래 카페에 전세로 내놓았다. 전세 계약 시 A는 위조한 신분증과 해당 부동산 등기부등본을 보여주어 세입자를 안심시킨다.
- 원룸건물 소유주 B에게서 인감증명서, 위임장을 받고 관리업체를 위임받은 A는 세입자 C와 전세계약 후 임대인에게 월세계약을 했다고 속인다.
- 무자격자 A는 공인중개사 B의 자격증을 빌려 중개업소를 차린다. 집주인이 월세로 내놓은 집에 대해 전세계약을 알선한 후 보증금을 가로채거나, 이미 전세계약이 완료된 집에 중복계약을 알선하는 행위를 일삼았다.

이중 계약을 피하는 방법

임차인 주의사항

1. 주변 시세보다 가격이 현저히 낮으면 일단 의심해야 한다.
2. 직거래보다는 중개업소를 통해야 중개업자가 가입한 부동산보증보험에 의한 보호를 받을 수 있다.
3. 중개업소 사무실 내 비치된 중개업자의 등록번호, 자격증을 꼭 확인한다.
4. 임대인의 신분증을 확인해야 하며, 부득이하게 대리인과 계약하는 경우 필요서류 확인(임대인 인감증명서 첨부된 위임장, 대리인 신분증)과 임대인과 전화 통화로 인적사항을 확인하는 것이 필요하다.
5. 잔금지불 명의인의 통장으로 보증금을 송금해야 문제가 생긴다하도 더 유리하다.
6. 입주 시 반드시 전입신고와 확정일자를 받아 대항력을 갖춘다.

임대인 주의사항

1. 집을 세놓을 때는 한 지역에서 오래 영업한 신뢰할 수 있는 중개업소에 내놓는다.
2. 위임장에 위임 권한을 기재 시에는 월세(반전세)인지 전세인지 명확히 해둔다.
3. 계약 시 세입자의 인적사항을 반드시 파악한다.

오피스텔은 어떤 용도로 사용하는가에 따라 적용하는 세제가 다르다. 실제 사용이(임차인) 또는 소유주)가 주거용으로 사용하면 주택으로 과세하고 상가나 사무실 등으로 이용되면 주택이 아닌 업무시설로 과세한다. 사무실로 임대한 오피스텔은 동일한 가액일 때 부가세(취득세 및 종합부동산세)가 주택보다 적다. 양도세의 경우도 일반건물로 과세되므로 주택에 대한 세금 규정을 적용하지 않는다. 단, 업무용으로 사용할 경우에는 양도세 비과세 조건을 갖추었더라도 비과세를 받을 수 없다. 참고로 사업자등록이 된 자는 월세의 10%에 대해 세금계산서를 발행, 소득세 매출세액에서 공제받을 수 있다. 이에 주택용 판정 여부가 매우 중요한데, 정부에서는 공무원의 자의적인 판단을 줄이고 보다 객관적으로 판정하기 위해 지침(주거용 오피스텔의 주택판정 지침—국세청)을 마련한 바 있다.

❶ 오피스텔에 주민등록이 돼 있으면 주택으로 본다. 단순히 업무용으로 오피스텔을 사용하는 사람들은 주민등록을 옮기지 않기 때문이다.
❷ 미설년 자녀와 함께 거주하는 오피스텔도 주택으로 본다. 자녀들과 함께 생활하는 오피스텔을 업무용으로 볼 수 없다는 판단 때문이다. 이를 위해 국세청은 초·중·고교에서 보낸 취학통지서나 학적부상 주소 등을 근거로 미설년 자녀가 거주하고 있는지를 가늠 방침이다.
❸ 전기, 전화료 등 공과금 영수증도 판단 기준으로 한다. 같은 면의의 일반 사무실에서 내는 공과금 수준과 비교하기 위한 것이다.
❹ 구독하는 신문이나 잡지 종류도 점검 기준이 된다. 구독하는 신문이나 잡지 종류가 사업자등록증에 표시된 업종과 별다른 관계가 없으면 실제 거주용으로 볼 수 있기 때문이다.
❺ 이 밖에 오피스텔 소유자의 은행계좌나 의료보험 기록을 점검, 실제 거주 여부를 판정할 계획이다.

우리 주변에서 실제로 일어나는
상황들을 각색, 정리하여 옮겼습니다.
생생한 현장감을 느껴보세요!

본문에 소개된 내용들 중에서
다시 한 번 챙겨야 할 핵심들을 눈에
잘 띄는 색으로 칠하여,
필요할 때마다 쉽게 찾아볼 수
있도록 만들었습니다.

넷

부동산 심화 팁들을
곳곳에 마련하여 정보의
양과 질을 높였습니다.

다섯

BOOK in BOOK
오윤섭의 부자노트

닥터아파트에서 인기리에 연재 중인
부자되는 알짜 상식을 모았다!
〈오윤섭의 부자노트〉는
부동산 초보자부터 투자자들에
이르기까지 부동산 부자로 거듭나는
지름길을 안내합니다.

여섯

| 특별부록 |
알아두면 돈이 되는
부동산 경매생활백서

부동산 경매 초보자들도.
쉽고 재미있는 카툰을 읽다 보면
얼마든지 경매의 기초를
익힐 수 있습니다.

추천사

● 시장이 불확실할수록 기본에 충실해야 한다. 기본에 충실하다는 것은 누구나 알고 있다고 오해하는 상식을 정확히, 제대로 아는 것이다. 이게 바로 부동산에 투자를 하든, 내 집 마련을 하든 부동산시장에서 자기만의 눈을 키우는 지름길이다. 이런 의미에서 《NEW 부동산 생활백서 시즌 2》는 지금처럼 불확실한 시장에서도 기본기를 익히고 싶은 독자들에게 도움이 될 것이다. 1편에 이어 2편도 실생활에 밀접한 유용한 정보를 다뤘으므로 부동산 초보자도 쉽게 읽을 수 있다.

오윤섭 닥터아파트 대표이사

● 부동산에 관한 한 제3자인 사람이 있을까. 직접 보유하지 않더라도 어쨌든 연관을 맺고 살아야 하는 게 집이요, 땅이기 때문이다. 하지만 계약서라도 하나 쓸라치면 어렵고 헷갈리는 것이 부동산 용어와 개념이다. 《NEW 부동산 생활백서 시즌 2》는 이 같은 소비자들의 부동산에 대한 기본적인 욕구를 풀어주는 데 초점을 맞췄다. 일단 쉽다. 그리고 카툰이 곁들여 있어 의미가 쉽게 전달된다. 책꽂이에 꽂아두고 언제나 뽑아서 읽어도 좋을 부동산 기초 상식서다.

심윤희 〈매일경제신문〉 부동산부 차장

● 1편에 이어 부동산 재테크 서적은 따분하고 어렵다는 통념을 다시 한번 깨뜨려준 책이다. 쉬운 문장과 다양한 예시를 통해 부동산에 대한 기초상식과 시장 흐름이 쉽고 재미있게 전개되어 머릿속에 쏙쏙 들어온다. 이 책은 항상 곁에 두고 부동산에 대한 궁금증이 생길 때마다 꺼내볼 수 있는 미니 백과사전의 역할을 하기에 충분하다. 만화를 활용해 눈도 즐겁다.

유하룡 〈조선일보〉 산업부 부동산팀장

- 부동산은 살아 숨쉬는 사회과학이다. 이 책은 실생활에 도움이 되는 생생한 사례들을 재미있게 소개함으로써 부동산에 대한 독자들의 이해를 높이는 데 큰 도움이 되리라고 생각한다. 무엇보다 부동산 초보가 읽기에도 부담이 없고 흥미가 배가되어 시간이 가는 줄 모른다. 일상에서 궁금해하는 부동산 상식을 효과적으로 전달하고 명확한 투자기준을 제공하기에 손색이 없다.

  박합수 국민은행 부동산팀장

- 부동산투자에서 용기가 최고의 덕목이던 시대가 지나고, 선구안이 그 어느 때보다 요구되는 시대에 우리는 살고 있다. 사소한 실수가 자칫 큰 화를 불러일으키는 것이 부동산투자다. 누구나 알고 있는 듯하지만 제대로 모르는 정보들, 부동산투자자라면 반드시 알고 있어야 할 알토란같은 사례들, 그리고 중요한 핵심만 콕콕 짚어 정리한 아주 요긴한 책이다.

  강은현 미래시야 이사

- 부동산시장은 큰 흐름도 알아야 하지만 세세한 부분도 간과해선 안 된다. 살면서 누구나 부동산 거래를 하지 않을 수 없듯, 우리 모두는 부동산시장을 떠나서 살 수 없는 존재다. 이 책은 제목처럼 부동산시장에서 실제 거래에 필요한 정보와 자료, 자세한 방법론까지 제시한다. 《NEW 부동산 생활백서 시즌 2》를 통해 부동산 거래 시 유용한 지혜들을 얻게 될 것이다.

  김선덕 건설산업전략연구소장

부동산 시장에는 언제나 비관론과 낙관론이 있습니다.

부동산 폭락을 주장하는 비관론은 과연 누구에게 도움이 될까요?
지금의 전세가 상승으로 시름을 앓고 있는 사람은 과연 누구이며, 집값 폭락
으로 어렵사리 내 집 한 채 장만한 실수요자들은 과연 어떤 희망을 가지고 살
아가야 할까요?
부동산 급등론을 주장하는 사람도 마찬가지지만 폭락이든 급등이든 집 없는
사람에게 내 집 마련에 대한 꿈과 희망은 가히 절대적이라는 사실을 한번쯤
생각해보고 논리를 폈으면 합니다.

무주택자, 유주택자, 부동산정보업체 등 부동산시장의 참여 주체들이 더불어
살아가는 길은 부동산 폭락도 폭등도 아닙니다. 물 흐르듯 유하게 거래가 이
루어지고 또한 그 거래에는 대폭락이라는 불안과 폭등에 대한 대박의 욕심보
다는 그저 오랜 노력 끝에 내 집을 마련해 편안한 주거생활을 영위할 수 있겠
다는 소박한 꿈이 담겨져 있는 것으로 족합니다.

부동산시장이 이제 긴 침체에서 벗어나 새로운 도약을 준비하고 있습니다. 이럴 때일수록 내 집 마련 희망자나 부동산 투자자는 기본에 충실해야 할 것입니다. 이런 상황에서 중요한 것은 남의 의견에 따라 장세에 휘둘리지 않고, 자기 중심을 잃지 않는 것입니다. 《NEW 부동산 생활백서 시즌 2》가 기본에 충실하고 자기 중심을 잃지 않는 데 조금이나마 도움이 될 것으로 자신합니다.

바람이 이루어지다!

《NEW 부동산 생활백서 시즌 2》는 1편에서 보내준 3만 여 독자들의 성원에 힘입은 결과입니다. 1편은 출간되자마자 독자들에게 일대 혁신이라 할 만큼 선풍적인 인기를 끌었고, 소문이 꼬리에 꼬리를 물며 부동산 재테크 서적 판매순위에서 베스트를 유지할 정도로 결코 사그라지지 않는 생명력을 과시하고 있습니다.

형만 한 아우가 없다?

옛말에 '형만 한 아우 없다' 는 말이 있습니다. 특히 영화 속편이 나오는 경우 작품평에 거의 예외 없이 쏟아지는 말이기도 합니다. 그것은 물론 속편에 쏟은 열정이 본편에 미치지 못해 작품성이 떨어지는 이유도 있겠지만 아마도 속편의 참신함 또는 신선함이 본편에 비해 떨어질 거라는 염려도 한몫 차지할 것입니다.

그러나 《NEW 부동산 생활백서 시즌 2》는 이 같은 우려를 극복하고자 저자와 감수인이 많은 노력을 했습니다. 전편보다 정보적인 측면이 크게 강화되었고, 아울러 1편과 같은 재미와 신선함을 유지, 제공하고자 숱하게 원고를 들여다 봤습니다. '형' 의 명성에 걸맞게, '형' 의 이름에 누가 되지 않도록, 아이디어의 참신성을 유지하고 독자들에게 웃음과 여유를 선사하는 데 주안점을 두었습니다.

1편에 대한 폭발적인 반응과 각 판매사이트 및 닥터아파트 사이트(www. drapt.com)에서 보여준 2편에 대한 조언은 시즌 2 출간에 대한 가장 큰 동기부 여가 되었습니다. 개정판을 내는 데 힘쓴 권일 리서치팀장과, 여경희씨 그리 고 위너스북 관계자 여러분께도 감사의 말씀을 전합니다.

부동산세금, 재개발·재건축, 분양·청약, 재테크 상식, 부동산경매 등 부동 산 각 분야에 걸쳐 망라된 《NEW 부동산 생활백서 시즌 2》가 독자들의 애정 어린 조언 속에 1편과 같은 인기를 구가할 수 있기를 이 자리를 통해 간절히 바라는 바입니다.

2015년 2월
닥터아파트 대표 오윤섭

부동산 생활백서 |차례|

BOOK IN BOOK |오윤섭의 부자노트| __ 077
멍청한 주택시장과 원칙 있는 투자

BOOK IN BOOK |오윤섭의 부자노트| __ 097
부동산 개미들이 투자에 실패하는 이유

BOOK IN BOOK | 오윤섭의 부자노트 | __ 177
집을 산다는 정서적, 이성적 의미

BOOK IN BOOK | 오윤섭의 부자노트 | __ 197
아파트 불패시대는 다시 올까?

01 분양받은 아파트 입주절차 마스터하기

결혼 10년차 가장인 김대리.

2년 전 분양받은 아파트 입주를 앞둔 요즘, 기대와 설렘으로 하루하루가 즐겁다.

한편으론 새 아파트 입주는 처음이라 어떤 절차로 진행되는지 걱정이 되는데….

김대리의 불안을 털어낼, 새 아파트 입주절차의 모든 것을 알린다!

🔵 입주 예약 접수

새 아파트는 통상 60일 정도의 입주기간이 주어지고 이 기간 내에 이삿날을 정하면 된다. 이사 날짜가 정해지면 입주지원센터에서 입주 예약을 하게 되는데 이때 엘리베이터 사용시간을 협의하면 된다.

🔵 분양금 완납

해당 은행을 방문하여 분양대금(잔금)을 납부한다. 중도금대출이나 이주비는 상환하거나 대출 전환한다.

🔵 선수관리비(관리비예치금) 납부

선수관리비 금액을 확인해 지정된 계좌로 송금하거나 입주지원센터에 납부한다.

🔵 입주증 발급

분양대금(잔금) 완납 입금증, 선수관리비 납부 확인증, 계약자의 신분증, 도장 등을 준비하여 입주지원센터에 제출하면 입주증을 발급해준다.

🔵 열쇠 인수

입주지원센터에서 열쇠 수령 후 세대 방문하여 전기, 수도, 가스 등의 계량기 검침 및 시설물 상태를 확인한다.

🔵 입주

이사 후 주민센터에 방문하여 전입 신고를 한다.

02 당첨 시 처리기준

경기도에 전세 거주하는 A씨.

점 찍어둔 재건축 아파트 청약 소식에 3년간 묵혀둔 청약통장을 꺼내들었다. 그런데 근처 다른 신규분양 소식에 마음이 흔들리기 시작하고, 공교롭게도 두 아파트의 청약일이 같아 어떤 단지에 청약을 해야 할지 갈등이다.

A씨는 둘 다 청약할 수 있을까?

중복청약은 가능하다. 당첨자 발표일이 다를 경우에는 중복청약이 가능하며 둘 다 당첨되었을 경우 당첨자 발표일이 빠른 주택을 계약해야 하고 뒤의 것은 자동 무효가 된다.

반대로 청약일이 다르지만 당첨자 발표일이 같은 두 아파트에 중복청약하고 당첨되었다면 둘 다 무효처리 된다.

국민주택은 1세대 내에서 세대주 1인만 신청가능하며 세대주가 중복청약하거나 부부가 각각 청약해 당첨된 경우에는 모두 부적격 당첨으로 계약을 체결할 수 없을 뿐만 아니라 불이익을 받게 된다.

민영주택은 1인 1주택 청약신청이 가능하기 때문에 중복청약 가능하며 당첨되었을 경우 모두 계약할 수 있다.

03 입주권과 분양권
입맛대로
고르세요!

조합원 추가 부담금이 올라 현금 청산자가 늘고,
미분양 아파트의 할인분양 뉴스를 접하면서 고민에 빠지는 사람들이 생겼다.

조합원 입주권을 매수해야 할까? 기다렸다가 일반분양을 받을까?

닮은 듯~ 닮지 않은~ 입주권과 분양권, 당신의 선택은?

입주권 VS 분양권

입주권(조합원 분양권이라고도 함)은 재개발, 재건축구역에 살던 조합원들이 사업완료 후 새 아파트로 입주할 수 있는 권리이다. 평형은 확정되나 동호수는 추첨하기 때문에 원치 않는 동호수를 지정받을 수 있다. 분양권은 청약 당첨된 사람들이 새 아파트를 분양받아 건설사와 계약할 때 갖는 권리다. 조합원 입주권에 비해 분양가가 높지만 평형 및 동호수를 확정해 계약한다.

입주권과 분양권, 세금 차이는?

입주권 취득할 때 토지분 취득세(4.6%)를 내야 한다. 입주권은 주택으로 인정되므로(2006년 1월 1일 이후 취득했거나 관리처분계획 인가된 입주권에 한함) 양도 시 2년 이상 보유요건을 갖춘 1가구 1주택자는 비과세를 적용받는다. 다주택자가 입주권을 양도할 때는 종전주택 취득일로부터 관리처분계획 인가일까지 기간에 대해 장기보유특별공제를 받을 수 있다.

단, 관리처분계획 인가일 이후 입주권을 취득한 승계 조합원인 경우 완공 이후 보유기간에 대해서만 장기보유특별공제를 받는다.

분양권 분양권은 취득 및 보유기간에는 세금이 없고 양도할 때 부과된다. 분양권은 주택이 아니므로 비과세 혜택이 없다. 계약일로부터 1년 미만 보유 시 50%, 1년 이상~2년 미만 보유 시 40%, 2년 이상 보유 시 6~35%의 세율로 과세된다.

04 부동산 취득세의 모든 것

부동산 취득세란

주택, 상가, 토지 등 부동산을 취득했을 때 부과되는 세금이다.
또 다른 사람에게 공짜로 받거나,
건물을 새로 짓거나 기존 건물을 좋게 고쳤을 때 내는 세금이다.

취득세는 부동산 취득일(잔금 납부일)로부터 60일 이내에 지방자치단체에 신고하고 자진 납부해야 한다. 지방세 인터넷납부 시스템 홈페이지(위택스 www.wetax.go.kr)에서 신용카드로 납부할 수도 있다. 만일 기간을 어기면 신고불성실 가산세(취득세의 20%)와 납부지연 가산세(1일당 취득세의 0.03%)를 내야 한다. 단, 취득일로부터 30일 이내에 등기를 하는 경우 취득세를 50%씩 분납할 수 있다.

정부는 2013년 8.28부동산 대책에 따라 취득세가 영구인하됐다. 취득세 영구인하는 주택에 대한 세금 감면 혜택이라는 점에 유의해야 한다. 주택을 제외한 토지나 상가 등은 세율 인하 대상이 아니므로 4%를 적용한다.

취득세 영구인하에 따른 취득세 변경안은 다음과 같다.

구분	6억 원 이하		6억 원 초과 9억 원 이하		9억 원 초과	
	85㎡ 이하	85㎡ 초과	85㎡ 이하	85㎡ 초과	85㎡ 이하	85㎡ 초과
취득세	1	1	2	2	3	3
농특세	–	0.2	–	0.2	–	0.2
지방교육세	0.1	0.1	0.2	0.2	0.3	0.3
합계	1.1%	1.3%	2.2%	2.4%	3.3%	3.5%

6억 원 이하의 경우 취득세 영구인하(2%→1%) 혜택이 가장 크다. 9억 원 초과(4%→3%)가 그다음이다. 또한 다주택자도 이전처럼 취득세를 중과하지 않는다.

05 재건축 재개발
정비사업 추진 절차
∞한눈에 보기

재건축 추진절차 한눈에 보기

도시 및 주거환경정비 기본계획 수립	• 주민공람 • 지방의회의견청취 • 지방도시계획위원회심의
▼	
구역지정(정비계획수립)	• 약 6개월~1년가량 소요
▼	
추진위원회(안전진단)	• 위원장을 포함한 5인 이상 위원 및 토지 등 소유자 과반수 동의
▼	
조합설립	• 재건축은 각동별, 전체구분소유자, 재개발은 토지 등 소유자 등 동의(동의비율은 사업에 따라 상이함)
▼	
사업시행인가(시공사선정)	• 일반인공람(14일 이상) • 총회 개최해 조합원 과반수이상 동의
▼	
관리처분계획인가	• 토지 등 소유자 공람(30일 이상)
▼	
착공 및 분양	• 이주 • 조합원 동호수 추첨 • 일반분양
▼	
준공	
▼	
청산	

과거 정비사업 절차는 재개발, 재건축, 주거환경개선사업 등에 따라 사업추진 절차가 달랐으나 현재는 절차가 통합, 일원화됐다.

재건축은 주택건설촉진법에 근거하고 재개발사업은 도시재개발법에 근거해 사업이 시행됐었다. 하지만 2003년 7월 1일부터 이들 법이 도시 및 주거환경정비법으로 통합되면서 정비사업 절차도 통일됐다.

이들 사업 모두 '기존의 환경을 보다 나은 환경으로 바꾸는 데 목적이 있다' 는 공통점이 있다.

재건축의 경우 '노후 불량한 주택'을 철거해 주택을 짓는 사업이라고 할 수 있다. 한편 재개발은 노후 불량주택 등을 헐어야 한다는 점은 재건축과 같지만 일정 구역 안의 토지이용도를 높이기 위해 건축물 정비 및 대지조성, 공공시설 재정 등 도시 기능을 회복하기 위한 사업이므로 상대적으로 사업 범위가 넓은 편이다.

06 수직증축 리모델링 투자 가이드

2014년 4월, 수직증축의 기적이 시작된다

수직증축하면 저렇게 될 수 있나요?

수직증축 리모델링이란?

기존 아파트 꼭대기 층 위로 최대 3개층을 더 올려 기존 가구 수의 15%까지 새 집을 더 짓는 것을 말한다. 새로 늘어난 집을 팔아서 얻은 수익으로 리모델링 공사비를 줄일 수 있다. 추진 대상은 지은 지 15년이 지난 아파트로 재건축 기한이 많이 남은 노후 단지들이 주로 추진하며 수평 증축에 비해 사업성이 좋은 방식이다.

(출처: 한경 경제용어사전)

2014년 4월 25일부터 지은 지 15년이 지난 단지는 기존 10%에서 15%까지 늘릴 수 있게 법이 개정되면서 수도권 1기 신도시 중심으로 **아파트단지의 수직증축 리모델링시대가 도래했다.**

국토교통부는 2013년 12월 '리모델링 기본계획 수립지침'을 발표하고 6개월 이내에 지방자치단체별로 리모델링 기본계획을 수립하도록 했다. 지자체들도 리모델링 사업에 적극적으로 참여해 경기도는 리모델링 사업을 다방면에서 지원하는 '공공관리제도'의 도입을 추진한다.

분당신도시 매화마을1단지는 2014년 6월 국내 첫 수직증축 리모델링 사업지로 선정돼 진행 중이며, 강남 최초로 대청아파트가 수직증축 리모델링 추진을 시도하고 있다. 또 수직증축 리모델링 허용 법안이 국회를 통과한 2013년 말부터 분당, 평촌 등 1기 신도시 아파트 가격도 상승세다.

➕ 플러스TIPS

그렇다면 어떤 단지가 리모델링 투자가치가 높을까?

❶ 입지여건이 뛰어나야 한다. 분당 등 1기 신도시처럼 고밀도 단지라 대지지분은 적지만 입지가 좋아야 한다. 강, 공원의 유무 등 조망을 비롯해 교통, 학군, 편의시설 등 인프라가 뛰어나야 한다. 수도권 1기 신도시에선 분당이, 2기 신도시에선 판교가 리모델링 투자가치가 뛰어나다고 보면 이해가 빠를 것이다.

❷ 대단지여야 한다. 규모의 경제 원칙에 따라 단지규모가 커야 시공비를 줄일 수 있어 리모델링 후 시세차익이 크다.

❸ 리모델링으로 인해 이웃에 일조권, 조망권 침해가 없어야 한다. 특히 건축법에 따른 일조권 규정에 따라 수직증축이 불가능한 단지도 있다는 점에 유의해야 한다. 또한 이왕이면 단지 앞뒤, 좌우로 여유 공간이 있는 단지가 좋다.

❹ 조합원 리모델링 동의율(현행 주택법에선 소유주의 5분의 4 이상 동의를 받아야 사업승인을 받을 수 있다)이 높아야 하고 일반분양 사업성이 좋아야 한다.

07 잔금 제대로 치르는 노하우

한 달 전 2억 원에 계약한 전셋집으로 이사한 김대리는
잔금날 당혹스러운 일을 겪게 됐다.
잔금을 스마트뱅킹으로 집주인 통장에 송금하려는데
당일 한도 1억 원을 초과하자 더 이상 이체가 안 되는 것이다.

· · · ·

은행도 휴무인 토요일인지라 부모님의 긴급지원으로
남은 금액을 치르긴 했지만 잔금시간이 늘어지자 초조한 눈초리로
자신을 바라보던 전 세입자와 집주인을 생각하면 지금도 식은땀이 난다.

잔금을 치르기 전, 신경 써야 할 일엔 어떤 것들이 있는지 알아보자.

🤚 잔금일 전 미리 집주인과 통화해 지불방법을 결정한다.

앉은 자리에서 집주인 통장에 송금하는 인터넷(스마트) 뱅킹을 선호하는 사람들이 늘고 있다. 인터넷(스마트) 뱅킹은 거래내역이 기록되기 때문에 굳이 영수증을 받을 필요가 없고 분실의 염려도 없다는 장점이 있다.

하지만 새 세입자에게서 보증금을 받아 기존 세입자에게 줘야 하는 집주인으로서는 수표로 받는 것을 선호할 수 있으니 잔금을 어떤 식으로 준비해야 하는지 상의하는 편이 좋다. 잔금일은 대부분 공휴일이나 토요일이기 때문에 미리 자신의 이체 한도를 체크하거나 수표를 준비하는 것이 바람직하다.

👐 잔돈을 준비한다.

집주인들은 잔금을 받아 중개수수료와 공과금을 정산하게 된다. 잔금날 수표와 잔돈으로 함께 준비하면 시간을 절약할 수 있다.

✌ 송금한 타 은행 수표는 그다음 날 오후부터 출금 가능하다.

거래은행이 다른 수표를 송금받은 집주인이 잔금날 전 세입자에게 보증금을 지불할 수 없는 최악의 상황이 발생할 수 있다. 거래은행이 다른 수표라면 뒷면에 이서한 후 전 세입자에게 직접 전달하는 것도 한 방법이다.

✊ 현금으로 지불했다면 반드시 영수증을 받는다.

안전한 거래를 위해 인터넷(스마트) 뱅킹을 이용하는 편이 좋고, 현금으로 지불했다면 반드시 영수증을 받아 두자.

08 첫 주택 구입자를 위한 내 집 마련 팁5

주택 구입은 대부분 사람들에게

생애 최대의 투자인 동시에 가장 큰 부채다.

주택시장이 부진한 요즘, 생애 첫 주택 구입을

염두에 두고 있는 사람들이 고려해야 할

다섯 가지 팁을 소개한다.

👆 주택구입 적기는 침체기다

무릎에 사서 어깨에 팔라는 말이 있다. 무릎에는 침체기 무릎과 상승기 무릎이 있다. 같은 무릎이라도 침체기 무릎 때에는 매수자가 우위다. 따라서 시세보다 싸게 살 수 있는 아파트가 많다. **주택 구입을 염두에 두었다면 침체기 무릎을 공략하라!**

👆 대출 규모는 소득수준에 맞게 잡아라

융자 없이 주택을 구입하는 경우는 거의 없다. 이때 대출금은 소득에 맞게 잡아야 집값이 떨어질 때 큰 낭패를 보지 않는다. 대출금리는 고정이자율, 변동이자율 중 시중 금리상황에 따라 선택한다. 대출상환기간은 10, 15, 20, 30년 중 어느 기간으로 잡을지, 대출상환방식은 원금균등상환방식, 원리금균등상환방식, 만기일시상환방식 중 어느 것으로 할지 점검한다.

👆 단지 규모가 500가구 넘는 새 아파트를 구입해라

아파트는 5년 미만의 새 아파트를 구입하는 게 좋다. 6년차로 넘어가면 노후화가 시작돼 수도, 전기, 배수관 등 교체시기가 돌아온다. 따라서 비용면에서 다소 비싸더라도 중고 아파트보다는 새 아파트를 구입하는 게 좋다. 아파트 관리비는 500가구부터 저렴해지기 때문이다.

🔆 소형 주택으로 시작하라

정부가 부동산 정책을 마련할 때 기준으로 삼는 것이 전용면적 $60m^2$ 이하의 국민주택 규모다. 4가족 이상 살 수 있는 규모이면서 정책 혜택을 집중적으로 받을 수 있다. 평생 한 곳에서 거주하는 경우는 없는 만큼 작은 집으로 시작해 가족 수의 변동에 맞게 중대형으로 갈아타길 권한다.

🔆 중개업소를 믿고 거래하라

매수하려는 지역의 주택시장을 잘 알고 있는 부동산 중개업소를 선택하라. 그리고 믿고 거래하라. 매수 금액을 또 다른 중개업소에 문의하면 자기 쪽으로 유도하고자 허위로 정보를 제공할 수도 있다. 또 매도자에게도 매수자가 많은 것으로 오인케 해 가격상승을 부채질할 수도 있다.

상승기에 최적의 매도타이밍은 언제?

주택시장이 매수자 우위 시장에서 매도자 우위 시장으로 바뀌면서 언제 매도타이밍을 잡아야 하는지 궁금해하는 매도자 분들이 많습니다. 그럼, 주택시장이 보합세에서 상승세로 돌아서는 지금과 같은 상승기에 최적의 매도타이밍은 언제일까요?

단도직입적으로 말한다면 최적의 매도타이밍은 한 발짝 빨리 매도하는 것입니다. 매수타이밍처럼 말입니다. 이익을 봤다면, 목표 수익률에 도달했다면 팔아야 합니다. 그리고 팔았다면 전혀 미련을 가질 필요가 없습니다. 또 다른 투자 대상을 찾아 매수하면 되니까요.

다시 말해 팔려면 사는 사람이 있어야 합니다. 그런데 언제 살까요? 가격이 내리는 시점에서는 좀처럼 사는 사람이 없습니다. 더 떨어질까봐 말입니다. 반면 지금처럼 가격이 오르기 시작하는, 상승기로 진입하는 시점에는 주택을 매수하려는 사람이 늘어납니다. 따라서 최적의 매도타이밍은 매수자가 늘어날 때입니다. 자기가 팔고 싶을 때 언제든지 팔 수 있다면 매도타이밍이라는 게 있을 필요가 없겠죠.

그럼 매도자 우위 시장이 오고 있는 지금 과연 언제 팔 것인지 고민이 될 겁니다. 매수자는 더 오르기 전에 사려고 하고 매도자는 더 오를까봐 매도타이밍을 늦추고 싶어 하는 게 인지상정(人之常情)이지요. 그럼 매도자는 크게 둘로 나눌 수 있는데요. 먼저 투자자입니다. 이익을 남겼다면 매도타이밍을 빨리 잡으세요. 사려는 사람은 늘어나는데 매도자들이 팔지 말지 고민할 때 목표한 수익률에 근접했다면 과감히 한 발짝 빨리 파는 것입니다. 누구나 팔려고 하는 시기에는 매도자 우위 시장이 매수자 우위 시장으로 한순간에 바뀔 테니까요.

또 하나는 유주택 실수요자입니다. 한마디로 갈아타는 경우지요. 한평생 지금 살고 있는 집에서 살겠다면야 최적의 매도타이밍이 필요 없을 겁니다. 하지만 현재 보유하고 있는 주택을 팔고 좀 더 투자가치가 있는 집을 사고 싶다면 매도타이밍은 투자자보다 더 빨리 잡아야 합니다. 지금 바로 팔아야 하는 것이죠. 그 이유는 매도 후 반드시 매수를 해야 하기 때문인데요. 완전히 매도자 우위 시장으로 돌아서기 전에 보유 주택을 팔고 새 주택으로 갈아타려면 하루빨리 팔아야 합니다. 최악의 경우 보유 주택은 팔았는데 매도자 우위 시장이 강해지면서 매물이 없어, 고점매수라 살 수 없는 경우가 발생할 수 있습니다.

시세보다 조금 싸게 팔더라도 미래가치가 높은 주택을 하루라도 빨리 매수할 수 있는 기회를 잡아야 합니다. 매수에 집중해야 하지요. 그러기 위해서는 선매수 후매도 전략이 필요합니다. 동시 매매 전략은 현실적으로 실행하기가 힘든데, 매도자 우위 시장에서는 특히 더 그렇습니다. 매수자에게도 이익을 남겨주는 매도자가 되면 어떨까요? 매수자 입장에서 생각해보아도 이익이 남아야 매수하지 않을까요? 살 사람이 있어야 팔 수 있으니까요. 더 세부적으로 들어가 보면 최적의 매도타이밍에는 여러 가지 경우의 수가 있습니다. 보유 주택 지역에 입주물량이 많으면 매도타이밍을 빨리 잡아야하고요. 입주물량이 줄어들면 매도타이밍을 늦추는 게 좋겠지요. 보유 주택이 재건축단지라면(대형 건설사가 수주하려는 단지라면) 용적률 등 재건축 규제완화로 수익성이 높아지고 있으니 매도타이밍은 늦출수록 좋겠지요. 사업속도가 빠르면 관리처분인가가 난후 매도타이밍을 잡아야 하고요.

분양권을 보유한 경우 수도권은 갈수록 새 아파트에 대한 희소성이 높아지니 매도타이밍을 늦추는 게 좋습니다. 반면 세종시 등 지방은 입주물량이 갈수록 늘어나고 있어 매도자 우위 시장에서 적극적으로 매도해야 합니다. 주택 크기로 보면 상승기가 당분간 계속된다면 20평형대 이하 소형은 매도타이밍을 빨리 잡아야 합니다. 반면 30~40평형대 중대형은 매도타이밍을 늦출수록 좋습니다.

하지만 변함없는 원칙은 매수자가 있을 때, 즉 매수자가 지금 사는 게 이익이 된다고 생각할 때 매도해야 한다는 것입니다. 그리고 매도했다면 뒤를 돌아보지 말고 깨끗이 잊어야 합니다. 과거는 잊고 현재에 집중하며 미래가치가 높은 대상을 찾기 위해 연구하고 조사 분석해야 합니다.

200자 촌철살부   <big>가난하면 왜 돈이 많이 드는가</big>

월세나 보증금을 낼 수 없으면 비싼 모텔에서 하루씩 방값을 내며 살아가야 합니다. 부엌이 없고 냉장고가 없으면 비싸고 영양가는 낮은 편의점 음식을 데워 먹다가 몸이 망가지지요. 또 급하게 돈이 필요해지면 터무니없이 비싼 이자를 내야 합니다. 내 몸 혹은 심지어 아이가 아파도 병가를 낼 수 없는 직장이 흔하고, 하루라도 출근을 거른다면 해고되기 십상이죠.

종상향 그게 뭐예요?

최근 가락동 가락시영아파트가 종상향이 이뤄지면서
종상향에 대한 관심이 쏠리고 있지만
사실 종상향이라는 말은 매우 낯설다.

종상향이 이뤄지면
추가부담금이 줄고 사업성이 좋아진다고 하던데
그 이유는 무엇일까?

종상향을 알려면 용도지역이라는 말을 알아야 한다. 여기서 용도지역은 토지의 이용 및 건축물의 용도 · 건폐율 · 용적률 · 높이 등을 제한해 토지를 효율적으로 이용하기 위해 도시관리계획으로 결정하는 지역을 가리킨다.

용도지역은 도시, 농림, 자연환경보전, 관리지역으로 구분된다. 또한 도시지역은 다시 주거, 상업, 공업, 녹지로 구분된다. 여기서 다시 주거지역은 전용, 일반, 준주거지역으로 구분되는데 이 안에서도 또 1종, 2종, 3종으로 세분화한다.

종상향은 바로 이때 1종에서 2종, 2종에서 3종으로 올라가는 것을 의미한다. 종에 따라 용적률이나 건폐율이 올라간다는 사실을 알 수 있다. 이런 규제들이 완화됨에 따라 사업성이 높아지는 것이다.

일반주거지역의 종에 따른 용적률

종세분화	건폐율	용적률
1종	50% 이하	150% 이하
2종	50% 이하	200% 이하
3종	50% 이하	250% 이하

어린이도 청약통장에 가입할 수 있다

왜 청약통장은 빨리 만들수록 좋을까?

청약통장 가입기간이 길수록
당첨확률이 높기 때문이다!

지난 2009년에 출시된 주택청약종합저축은 가입자가 1천3백만 명이 넘을 정도로 인기를 모으고 있다. 기존의 청약부금, 청약예금, 청약저축의 장점을 모두 합친 만능청약통장으로 불린다. 공공주택과 민영주택에 모두 청약할 수 있으며, 주택 규모도 최초 청약 시 예치금에 따라 결정할 수 있다.

특히 미성년자 가입이 불가했던 기존 청약통장에 비해 종합저축은 연령제한이 없어 어린 자녀의 미래 주택 마련을 위한 좋은 기회가 될 수 있다.

종합저축은 가입연령 제한은 없지만 1인 1계좌로 하나씩만 가입이 가능하다. 가입한지 2년 이상 되면 이자도 3.3%로 높은 편이다. 매월 2만 원에서 50만 원까지 형편에 맞게 납부할 수 있다.

미성년 자녀를 둔 경우 부모가 자녀 이름으로 종합저축 통장을 개설할 수 있다. 통장을 활용하면 자녀 이름으로 새 주택을 장만해줄 수도 있다. 또 미성년 자녀에게 증여할 경우 1,500만 원까지는 증여세를 내지 않아도 돼 자녀들의 내 집 마련에 필요한 자금으로 쓸 수 있다.

다만 미성년 자녀가 가입한 청약통장은 최대 24회(공공주택 청약 시)까지만 납입 횟수가 인정된다는 점에 유의해야 한다. 24회를 불입하면 청약 1순위 자격이 생기지만, 실제로 자녀 이름으로 청약을 하려면 만 19세가 될 때까지 기다려야 한다. 오랫동안 자금이 묶일 수 있는 만큼 자녀가 17세 이후가 될 때까지 기다려 가입한다면 청약 1순위의 효과를 제대로 볼 수 있다.
종합저축은 우리, 신한, 하나, 기업, 농협, 국민 등 6개 은행에서 취급한다.

11 분양전환 임대주택의 매력

분양전환 임대주택이란?

본래 임대아파트는 주택공사나 도시개발공사, 민간 기업이 소유주가 되어 서민들에게 임차해주는 아파트를 말한다. 이러한 임대아파트 중에서 예를 들어 5년짜리 임대아파트라고 한다면 5년 임대기간 만료 후 무주택 임차인이 우선적으로 분양받을 수 있는 경우가 있는데, 이를 분양전환임대아파트라고 한다.

(출처: 매일경제, 매경닷컴)

분양전환 임대주택의 매력을 살펴보자.

하나 가격경쟁력

주변 시세보다 낮은 보증금으로 전셋값 상승 걱정 없이 일정기간 임대로 살다 가 해당 아파트를 주변 분양가보다 싼 가격에 분양받을 수 있다.

민간임대(보통 5년)의 경우 임대 기간의 절반인 2년 6개월이 지나면 세입자가 원 할 경우 분양전환이 가능하다. 공공임대 분양가는 분양전환 시점에 산출되며 감정평가액으로 정해지기 때문에 일반적으로 주변시세의 80~90% 선에서 저 렴하게 책정된다. 민간임대 분양가는 입주자 모집공고 당시 시점을 기준으로 하기 때문에 임대기간 동안 집값이 크게 올라도 부담이 없다.

둘 초기 자금 부담 적어

일반적으로 분양가의 40~50% 수준으로 임대 보증금이 책정되는 만큼 초기 자 금 부담이 적다. 분양전환 가격에 포함되는 국민주택기금(전용면적 85㎡ 기준 약 8 천5백만 원 정도)은 입주 때 내면 되기 때문에 금융비용을 최대로 줄일 수 있다.

셋 세금 부담 없어

임대기간 동안 취득·등록세는 물론 재산세가 부과되지 않아 세금 부담이 적 다. 또한 임대기간이 보유기간에 포함되어 있어 분양전환 후 바로 매도하더라 도 양도소득세를 비과세 받을 수 있다.

임대주택사업자 되는법 어렵지 않아요~

본인 거주주택 외 전용 85㎡ 아파트를 소유한
1세대 2주택자 김똑순씨는
임대주택사업자에게 각종 세제 혜택이 주어진다는 소식에
임대주택사업을 하기로 결심했다.
그렇지만 무엇부터 시작해야 할지 막막하다.

김똑순씨를 위한 임대주택사업자 신청방법을 간단히 알아보기로 하자.

> **등록요건** 임대주택사업자가 되려면 전용면적 149㎡ 이하, 주택 가격은 수도권 공시지가 6억 원 이하, 지방은 3억 원 이하 주택을 5년 이상 임대사업 용도로 사용하면 된다. 오피스텔의 경우, 전용면적 85㎡ 이하, 상·하수도 시설이 갖춰진 전용 입식 부엌, 전용 수세식 화장실 및 목욕시설을 갖추어야 한다.

(하나) 우선 주민등록증, 건물등기부등본을 소지하고 거주지 시·군·구청의 '주택과'에 가서 등록신청서를 작성하고 임대주택사업자 등록신청을 한다. 직접 방문이 힘든 여건이라면 인터넷(민원24시 http://www.minwon.go.kr)에서 신청할 수 있다.

(둘) 신청 후 5일이 지나면 임대주택사업자 등록증이 발부된다. 이제 세입자와 임대차계약 체결을 하게 되는데, 이때 반드시 표준임대차계약서 양식으로 작성하지 않으면 접수가 불가능하다는 점에 유의해야 한다.

(셋) 세입자 입주예정일 10일 전까지 표준임대계약서 사본을 지참하고 임대주택 소재 시·군·구청 주택과에 가서 임대조건신고서를 작성하고 신고하면 된다.

(넷) 세입자 입주일로부터 20일 이내에 임대주택사업자등록을 해야 하는데 주민등록초본과 임대주택사업자등록증을 지참하고 거주지 관할 세무서에 가서 사업자 등록신청서를 작성하면 된다.

(다섯) 마지막으로 임대 개시 3개월 이내 임대주택 소재지 관할 세무서 재산과에 임대신고를 한다.

다가구 주택투자는 이렇게~!!

입지, 수익률,
위반여부...
확인할 게 많군

투자자

다가구주택이란?

주택으로 쓰이는 면적(주차장 면적 제외)이 660㎡ 미만이며 주택으로 쓰이는 층수가 3개 층
이하, 19세대 이하가 거주하는 단독주택의 일종이다.

1채만 소유한 집주인은 해당 주택 공시가격이 9억 원이 넘지 않으면 임대소득 과세대상에서
제외되며, 9억 원이 넘더라도 연간 임대소득이 2천만 원 이하면 분리과세 된다.

저금리 기조가 지속되면서 거주와 임대수익 창출이 동시에 가능한 투자처로 새롭게 조명받고 있는 다가구주택! 어떻게 투자해야 잘했다고 소문 날까~?

🔵 수요가 풍부한 지역을 노리자.

대학생과 직장인 등 임차수요가 풍부한 대학가나 역세권 주택을 매입하는 것이 좋고, 주차공간을 확보할 수 있는지 근처에 대형마트 등 편의시설이 있는지도 살펴야 한다. 더불어 향후 매매까지 고려해 개발계획 및 용도지역 등도 확인하는 것이 좋다.

🔵 주변 임대시세를 반드시 파악할 것.

구분 소유가 불가능한 다가구주택은 다세대·연립주택에 비해 초기 매입 자금이 많이 들어간다는 단점이 있기 때문에 최대한 구입자금을 줄이기 위해서는 보증금이 많은 주택을 택하는 편이 좋다.

중개업소를 통해 주변 임대시세를 확인해 평균 수익률이 얼마나 될지, 임대가 잘 되는 지역인지 미리 파악해두어야 한다.

🔵 매입 시 연식과 법규 위반 부분이 있는지 살펴보자.

오래된 건물일 경우 하자 부분을 수리하는 비용도 만만치 않을뿐더러 새 집에 비해 임차 경쟁력이 떨어지기 때문에 공실이 발생할 위험이 있어 가능하면 신축 5년 내외 건물을 매입하는 것이 좋다. 또한 수익률을 높이기 위해 불법적으로 세대수를 늘리는 경우가 있기 때문에 매입 전 건축물대장 상 세대수와 실제 세대수가 일치하는지도 확인해야 한다.

14 집주인이 여럿인데 누구랑 계약해야 하나요?

친하게 지내던 중개업자로부터 괜찮은 가격으로
주택이 매물로 나왔다는 연락을 받는 도도해씨.

중개업자와 우선 집을 둘러본 도도해씨는 물건이 맘에 들어
계약하기로 맘먹고 주인을 만났다.
그런데 이건 뭐지?
두 사람이 나와서 자신들 모두 집주인이라고 하는데….

집주인이 다수일 때 임차계약서와 매매계약서는 누구와 작성해야 법적 권리를 보호받을 수 있을까?

🟠 임대차 계약 시

지분이 50%를 넘는 공유자가 있다면 그중 1명과의 계약만으로도 법적 효력이 있다. 만약 공유자가 2명이고 지분이 정확히 5:5일 경우 2명 모두와 계약해야 한다. 3명 이상일 경우 지분을 기준으로 과반수와 계약을 하면 된다.

🔵 매매 계약 시

매매 계약 시에는 지분의 크기와 상관없이 반드시 모든 공유자를 상대로 계약 해야 법적 효력이 있다.

공유물의 사용 · 수익 · 관리는 공유자의 과반수로 결정하고, 처분 · 변경은 모든 공유자의 동의로 결정하기 때문이다.

※ 소유자 및 소유자들의 지분은 등기권리증(또는 등기부등본)으로 확인 가능하다. 지분의 형식일 경우, 분수 형태로 지분율이 기재돼 있다.

재개발 조합원 입주권 매도 시
양도세 비과세
받는 조건은?

1
관리처분계획인가일과 주택 철거일 중 빠른 날 현재 2년 이상 보유

2
관리처분일에 다른 주택이 없어야 함

3
양도일 또한 다른 주택이 없어야 함

서울에 재개발 지분을 가지고 있는 A씨가 최근 재개발 지분을 매도하려고 한다. 과연 양도세 비과세를 받을 수 있을까?

재개발 지분의 양도세 비과세 조건을 갖추려면 세 가지 조건을 모두 만족해야 한다. 세 가지 조건은 다음과 같다.

❶ 관리처분일 전 2년 보유
❷ 관리처분일에 다른 주택이 없어야 한다.
❸ 양도일 또한 다른 주택이 없어야 한다.

A씨가 보유한 재개발 지분의 관리처분일이 2014년 10월 1일이었다고 할 때 먼저 A씨는 재개발 지분을 2012년 10월 1일 이전에 매입해야 했다.
또한 관리처분일인 2014년 10월 1일 당시 주택이 없어야 했다. 마지막으로 2015년 2월 10일 매도한다고 했을 때 이때도 다른 주택이 없어야 양도세 비과세를 적용받을 수 있다. 다만 양도일 현재 당해 조합원 입주권 외에 1주택을 소유한 경우로서 그 주택을 취득한 날로부터 2년 이내에 조합원 입주권을 양도하는 경우에도 양도세가 비과세된다.

내 집 마련 성공적으로 하려면?

좋은 집은 그냥 얻을 수 있는 것이 아니다.
다른 부분과 마찬가지로 좋은 집을 사려면 발품, 손품 등
많은 노력과 정성이 필요하다.

좋은 집을 사기 위한 기본 행동지침

1. 시세를 정확히 파악하자!

2. 자금사정, 이주계획 등 본인의 사정이나 여건을 충분히 고려하자!

3. 중개업자와 진솔하게 상담하자!

4. 계약은 신중하면서도 신속하게 하자!

성공적인 내 집 마련을 위한 네 가지 행동지침

1단계. 시세를 정확히 파악하자!

시세를 정확히 파악하려면 무엇보다도 발품을 많이 팔아야 한다. 중개업소도 여러 곳 돌아다니면서 많은 매물들의 시세를 파악해야만 어느 정도 객관성 있는 가격을 가늠할 수 있다. 최근 국토교통부에서 발표하는 실거래가도 정확한 시세를 파악하는 데 중요한 잣대가 될 수 있다. 하지만 업(UP) 및 다운(DOWN)계약서로 인해 오차가 생길 수 있기 때문에 맹신하면 안 된다.

2단계. 내 자신을 알아라!

사면 무조건 오르는 부동산시대는 갔다. 예전처럼 무작정 오를 것이라는 기대감으로 무리한 대출을 받아가면서 사는 '묻지마식 매입'은 자칫 큰 낭패를 볼 수 있다. 아파트를 사기 전에 자금계획을 철저히 세워 집값 하락에도 가계경기에 큰 무리가 가지 않도록 하는 것이 중요하다. 일반적으로 자기 소득의 부채 상환비율이 30%를 넘지 않는 것이 좋다.

3단계. 중개업자와 친해져라!

중개업자는 그 지역의 전문가일뿐 아니라 나에게 유리하게 이끌어줄 수 있는 존재다. 물론 불리하게 이끌 수도 있다. 따라서 지역을 선택하면 해당 중개업자와 잦은 연락을 통해 인간적으로 친해질 필요가 있다. 많은 자금이 투입되는 부동산에서 중개업자만 잘 만나도 큰 돈을 절약할 수 있다.

4단계. 계약은 신중, 신속하게 하자!

좋은 물건이 나오면 놓칠 것을 염려해 급하게 계약하려는 모습이 눈에 많이 띈다. 하지만 잘못된 계약으로 큰 손해를 불러올 수 있기 때문에 아무리 좋은 물건이 나오더라도 하루 정도 여유를 갖고 계약에 대해 생각해보는 여유가 혹시 있을지 모르는 낭패를 줄이는 길이다. 이후 매입하기로 결정했다면 더 이상 망설임 없이 신속하게 움직이는 자세가 필요하다.

집값이 바닥을 쳤다는 강력한 징후

집값이 바닥을 쳤다는 강력한 징후가 여기저기서 나타나고 있습니다. 물론 집값이 바닥을 치고 반등한 뒤 6개월은 지나야 바닥 시점을 정확히 알 수 있지만 말입니다. 이번 부자노트에서는 집값이 바닥을 쳤을 때(정확히 바닥을 치고 오르기 시작할 때) 나타나는 강력한 징후 4가지를 정리했습니다.

징후 1. 유료상담 건수가 늘어난다

개인적으로 집값이 바닥을 쳤다는, 가장 확실한 징후라고 생각합니다. 닥터아파트 유료상담 코너에 건당 4만 4천 원 또는 6만 6천 원을 내고 상담하는 사람들이 늘었다는 것은 시장이 변했다는 것을 확실하게 알려주는 신호지요. 한동안 주택시장이 침체되면서 닥터아파트 유료상담은 일주일에 1건 정도 올라왔습니다. 하지만 지난해 11월부터 상담 건수가 점차 늘기 시작하더니 2014년 1월 둘째 주부터는 하루 한 건씩 유료상담이 올라오기 시작했습니다. 유료상담은 돈 없는 사람(정확히 부동산 구매력이 없는 사람)은 절대로 하지 않습니다. 과거도 그랬고, 현재도 그렇습니다. 미래도 마찬가지라고 생각합니다.

중국, 미국, 일본은 물론 두바이에서까지 유료상담 신청이 들어오고 있습니다. 물론 유료상담자는 대부분 투자자이지요. 갈아타기를 하거나 투자용으로, 아니면 자식 결혼용으로, 노후용으로 주택을 구입하려는 유효수요자들이 주로 유료상담을 합니다. 상담 내용을 보면 해외거주자의 경우 돈이 얼마 있는데 어느 아파트를 사야 하는지 물어보는 경우가 많고요. 국내 거주자는 구체적으로 구입대상을 정해놓고 마지막으로 투자가치가 있는지, 얼마에 사야 하는지 등 마지막으로 전문가 의견을 듣기 위해 상담하는 경우가 많습니다.

징후 2. 매수는 늘고 매물은 줄어든다

일시적으로 매수는 늘고 매물은 줄어들 수 있습니다. 관건은 얼마나 지속적인가 하는 것이죠. 4.1대책 등 수많은 대책 전후로 매수세와 매도세가 등락을 거듭했습니다. 하지만 2014년 1월 둘째 주를 고비로 시장상황은 완전히 달라졌습니다. 이제 세제혜택이 종료됐음에도 오히려 매수문의가 늘어나고 있습니다. 다주택자와 중가 및 고가 전세입자가 적극적으로 매수에 나섰기 때문입니다. 하지만 매물은 쑥 들어갔습니다. 집값이 바닥을 친 데다 매수세가 단기간에 늘어나니 집주인들이 매물을 거둬들인 것입니다. 또 집값 상승에 대한 기대감이 하루가 다르게 높아지고 있습니다.

이제 매수자 우위 시장이 매도자 우위 시장으로 바뀌었습니다. 단기상승에도 불구하고 추격매수가 이어지고 거래량도 늘어나고 있습니다. 확실히 이전과 다른 신호입니다. 이전에는 추격매수가 없어 집값이 바닥을 치고서도 반등하지 못했는데 말입니다. 물론 상승세가 계속될지는 더 지켜봐야 정확히 알 수 있습니다.

징후 3. 집값 바닥 기사가 급증한다

집값이 바닥이라는 언론 보도는 8.28대책 이후 나오기 시작했습니다. 하지만 이후 다시 주택시장이 주춤하면서 집값 바닥론이 다시 수면 아래로 가라

앉기도 했습니다. 2013년 12월에는 새해 주택시장 전망 보고서가 쏟아지면서 2014년 상반기에 바닥을 친다는 보도가 주류를 이뤘습니다. 1월 들어 세제혜택 종료로 거래절벽이 재연될지 모른다는 우려를 뒤엎고 매수세가 살아나자 둘째 주부터 바닥이 임박했다는 기사가 쏟아졌습니다. 급기야 2013년 4분기(10~12월)에 바닥을 쳤다는 기사까지 나왔습니다.

언론 보도는 주택시장 즉 실제 현장의 움직임보다 늦을 수밖에 없습니다. KB은행 한국감정원 등에서 발표하는 통계상 전세가율이 실제 전세가율보다 평균 10% 포인트 낮다는 것을 보면 이해할 수 있지요. 예를 들어 만일 올해 1월에 집값 바닥 보도가 절정에 이르렀다면 실제 집값 바닥은 이보다 6~7개월 전인 지난해 6~7월로 보면 정확합니다.

징후 4. 낙찰가율이 3개월 연속 상승한다

법원 경매시장의 아파트 낙찰가율(낙찰가/최초 감정가)은 지난 2000년 이후 주택시장에서 집값 선행지수 역할을 하고 있습니다. 통상 일반 아파트시장보다 3개월 선행하는 것으로 보면 됩니다. 통상 하락세를 보이던 낙찰가율이 3개월 연속 상승세를 보이면 아파트값이 바닥을 치고 상승세로 돌아섭니다.

200자 촌철살부 **투자자가 가장 경계해야 할 심리, 타조 효과**

집을 담보로 엄청난 부채를 지고 있으니, 만약 이자를 갚기 힘든 상태에서 집값도 하락하는 상황이라면 빨리 집을 정리하는 것이 상책이다. 하지만 하우스푸어들은 버티고 또 버틴다. 카드 비용을 갚기 위해 또 다시 대출을 받고, 대출의 질은 점점 더 나빠진다. 그러는 와중에 집값은 계속 떨어지고 있다.

전세 구할 때 집주인이 밀린 세금 있는지도 꼭 확인하자!

집주인이 밀린 조세 체납은 등기부등본상에 나타나지 않아 확인이 어렵다.
따라서 자칫 공매로 넘어가 전세금을 모두 날릴 수 있으니 전셋집 구할 때
이 부분을 꼭 체크해야 한다.

⋮

세입자가 불의의 피해를 입는 것을 방지하기 위해 임대차계약 전에
임대인의 동의를 얻어 임대인이 납부하지 않은 국세를 열람할 수 있도록 하는
'미납국세 열람제도'가 있다.

⋮

임차할 건물소재지 관할세무서 민원봉사실을 직접 방문해
'미납국세 등 열람신청서'를 제출하면 된다.

집주인이 밀린 조세 체납은 등기부등본상에 나타나지 않지만 공매로 넘어갈 수 있어 낭패를 보기 쉽다. 따라서 전셋집을 얻을 때 집주인에게 밀린 세금이 있는지 살펴보는 것도 매우 중요한 일이다.

밀린 세금으로 공매되는 경우 세입자가 피해를 볼 수 있다. 이를 예방하기 위해 국가에서는 전세계약 이전에 집주인의 동의를 얻어 집주인이 납부하지 않은 세금을 열람할 수 있도록 하는 '임대인의 미납국세 열람제도'를 두고 있다. 열람할 수 있는 범위는 집주인의 체납액을 비롯해 집주인에게 납세고지서를 발부한 후 납부 기한이 도래하지 아니한 국세, 법정 신고기한 내에 집주인이 신고만하고 납부하지 않은 국세로서 신고기한으로부터 30일(종합소득세는 60일) 이상 경과한 것이다.

열람신청은 건물이 위치해 있는 관할세무서 민원봉사실에서 '미납국세 등 열람신청서'를 제출하면 된다. 이를 신청하기 위해서는 집주인의 서명 또는 날인을 비롯해 신분증 사본 1부 및 건물 등기부등본 또는 건축물대장 1부가 필요하다. 단 우편, 팩스를 통해서는 확인이 불가능하며 내역서 발급도 할 수 없다. 즉 필요하면 스스로 적어야 된다.

18 1순위로 마감된 단지, 프리미엄도 **UP!**

나 1순위 마감된 단지야~

101

부러워

201

> 1순위로 마감된 단지는 다른 단지에 비해
> 입주 시 프리미엄도 높게 형성된다!

실제 서울에서 분양한 단지들의 프리미엄을 살펴본 결과 **1순위로 마감된 단지**가 그렇지 못한 단지들보다 평균 프리미엄이 두 배 정도 높게 형성된 것으로 나타났다. 이는 1순위로 마감된 단지는 분양 시점부터 많은 청약자들에게 관심을 모은 단지로 그만큼 수요층이 두텁게 형성됐기 때문이다.

A씨는 2009년 5월, 금융위기 여파로 집값이 크게 내려간 이후 가격이 점차 회복하자 집값이 더 오를 거라는 기대감으로 서울 지역 분양권을 사려고 여기저기 돌아다니고 있었다. 발품을 판 결과 2곳 정도로 압축되었다.

한 곳은 3순위 미달된 곳이지만 분양가에서 프리미엄이 붙지 않아 가격 면에서 맘에 들었으며, 나머지 한 곳은 1순위 마감된 곳으로 선호도가 높은 지역이었으나 금융위기 한파에도 프리미엄이 붙어 가격 면에서 부담이 되는 곳이었다. 고민 끝에 A씨는 3순위 미달돼 프리미엄을 붙지 않은 곳을 사려고 마음 먹었다. 이유는 금융위기 여파 때문에 프리미엄이 붙지 않았다고 판단하여 경기가 좋아지면 1순위 마감 단지처럼 프리미엄이 붙을 것으로 기대했기 때문이다. 그러나 2010년 3월 입주 시기가 다가오면서 A씨의 판단은 잘못된 것으로 나타났다. 경기가 여전히 나아지지 않은 상태에서 3순위 마감된 단지는 매매는커녕 전세입자도 구하기 어려워 잔금 내기가 역부족한 상태이었던 반면, 1순위로 마감된 단지는 지난 5월 이후 일정 부분 프리미엄이 붙은 것은 물론 전세입자들도 많아 잔금 걱정도 없는 상태였기 때문.

실제로 연간 서울에 입주하는 단지들의 프리미엄을 조사해보면 1순위에 마감된 단지와 3순위 미달 단지의 시세 상승력의 차이는 최소 2배 이상 나는 것으로 나타났다. 즉 1순위 마감된 단지는 청약자들이 대거 몰린 단지들인 만큼 소비자들에게 검증이 끝난 것을 의미한다. 따라서 향후 아파트를 구입하더라도 이 단지가 1순위 마감된 단지인지도 살펴보는 것 또한 매입 시 좋은 참고자료가 된다.

경기불황에 가장 강한 아파트는? 새 아파트

불황에 강한 아파트로 많은 사람들이 새아파트, 소형아파트, 유명브랜드 건설사, 역세권을 갖춘 아파트, 조망권을 갖춘 아파트, 대단지, 택지지구에 위치한 아파트 등을 꼽는다.

과연 이들 아파트 모두가 경기불황에 강할까?

실제로 금융위기 이후 어떤 아파트가 내성이 있는지 조사한 결과 경기불황에 가장 강한 아파트는 새아파트로 조사됐으며, 소형아파트가 뒤를 이었다.

흔히 경기불황 시에는 역세권 아파트가 가장 강한 것으로 알고 있다. 하지만 금융위기 이후 찾아온 경기불황 시기에 시세 변동률을 살펴보았더니 예상과 다른 결과가 나타났다. 경기불황에 가장 강한 아파트로 새아파트가 선정된 것.

최근 가장 경기가 좋지 않았던 2013년 7월~2014년 6월 간 시세 변동률을 살펴본 결과 수도권은 평균 −0.98%의 변동률을 기록했다. 그러나 입주 3년차 이내인 새 아파트는 1.35%의 상승폭을 나타냈다. 이는 새 아파트의 경우 대부분 분양단계부터 내집마련을 계획했던 사람들로 자금계획이 비교적 잘 돼 있어 급하게 매도할 필요가 없으며 아파트의 감가상각으로 인해 대부분 새아파트 매수를 선호하기 때문으로 풀이된다.

다음으로 중소형아파트가 높은 순위를 보였는데 같은 시기 변동률이 0.94%로 비교적 불경기에 강한 모습을 보였다. **경기가 어려울수록 자금 여력에 부담을 느낀 수요자들이 중대형아파트보다는 비교적 저렴한 중소형아파트를 더 선호하는 것으로 나타났다.**

그러나 불황에 매우 강할 것으로 예상했던 역세권은 −1.23%로 평균보다 낮은 하락률을 기록해 생각보다 강한 모습은 아니었다.

참고로 2천 가구 이상 대단지들은 1.34%의 상승세를 보여 불황에 강한 모습을 보였다.

20 양도소득세 보유기간은
어떻게 산정하지?

양도세를 계산할 때 가장 중요한 것이 바로 보유기간 계산이다. 2년 이상 보유 여부에 따라 비과세 조건을 갖췄는지가 결정되기 때문이다. 그럼 언제부터 언제까지를 보유기간으로 인정할까?

양도소득세 보유기간 산정을 위한 취득기준

취득유형	취득시기
기존 주택의 취득	잔금 청산일과 등기 접수일 중 빠른 날
재건축아파트(조합원)	토지: 종전 토지 취득일, 건물: 완공일(사용검사필증 교부일)
신규 분양주택	잔금 청산일(잔금 지급 후 완공되면 완공일)
상속·증여에 의한 취득	상속개시일 또는 증여일(증여등기 접수일)
경매에 의한 취득	낙찰대금을 완납한 날
환지처분의 취득자산	환지 전의 토지취득일(증감 토지분은 환지처분 공고일의 다음날)
취득 시기의 의제	1984년 12월 31일 이전 취득 시, 1985년 1월 1일 취득한 것으로 봄

1가구 1주택자의 양도소득세 비과세 요건으로는 원칙적으로 거주자(국내에 1년 이상 주소를 둔 자)가 1가구 1주택 상태에서 보유 및 거주기간을 갖춰야 한다. 여기서 말하는 보유기간이란 '취득일부터 양도일까지'의 기간을 뜻하므로 우선 취득일과 양도일 산정기준을 명확히 이해하면 된다. 그렇다면 취득 상황에 따라 그 취득 시기를 어떻게 판단하는지 간단하게 알아보자.

우선 가장 일반적인 기존 주택은 통상적인 매매에서 잔금 청산일과 등기접수일 중 빠른 날을 기준으로 삼는다. 즉 잔금 청산일이 불분명한 경우에 등기 접수일을 그 시기로 보며 잔금 청산 전에 소유권이전 등기를 한 경우에도 등기 접수일이 기준이 된다고 기억하면 쉽다. 단, 재건축아파트는 조합원이 종전 토지에 새 주택을 짓는 것이므로 기존 주택 취득일 기준과는 다르다. 조합원의 토지는 종전 토지취득일, 신축된 건물 부분은 완공일(사용검사필증 교부일)이 취득 시기가 된다는 점을 기억하자.

또한 신규로 주택을 분양받은 경우에는 통상 잔금 청산일이 취득시기이지만, 잔금 지급 후에 아파트가 완공되면 완공일에 취득한 것으로 본다는 점도 유의하자. 그 밖에도 상속·증여에 의한 취득은 상속개시일 또는 증여일(증여등기 접수일), 경매에 의한 취득은 낙찰대금을 완납한 날, 환지처분의 취득자산은 환지 전의 토지취득일로 본다.

➕ 플러스TIPS

양도소득세 보유기간의 산정

원칙적인 취득시기 판정기준은 본문에서 소개한 바와 같지만 1984년 12월 31일 이전에 취득한 부동산은 1985년 1월 1일에 취득한 것으로 본다는 점도 유의할 사항. 이는 오래된 부동산의 가격 수준이 상당히 낮아 양도차익이 커져 세금부담이 많아질 것을 대비한 일종의 완충장치다.

21 노부모합가 원칙만 알면
양도세 문제 없다

노부모와 합가로 1가구 2주택이어도 양도소득세 내지 않고 매도할 수 있는 방법은?

- 부모님이 만 60세 이상이어야 한다.
- 자식 세대원 전원이 노부모와 같이 살아야 한다.
- 합가일로부터 5년 이내에 먼저 양도하는 주택(비과세 요건을 갖춘 경우에 한함)에 대해 양도소득세가 과세되지 않는다.

합가를 통해 종부세 대상이 된 경우에는 어떻게 될까?

부모님 봉양에 따라 세대를 합칠 때에도 양도세와 마찬가지로 5년 동안 세대합산을 유예하여 준다. 따라서 합가로 인해 6억 원이 초과되더라도 5년 동안은 종부세 대상이 아니다.

최근 김효자 씨는 연로하신 아버지 때문에 합가를 고민하고 있다. 아버지와 김효자 씨 모두 집을 가지고 있어 합가 시 집을 처분해야 하는데 양도소득세에 대한 부담이 있다. 그래서 우선 아버지 집을 매도하고 합가하기로 했다. 하지만 아버지 집은 좀처럼 팔리지 않아 합가가 미뤄졌고 이들 부자는 점점 초조해지기 시작했다.

이처럼 많은 사람들이 노부모와 합가를 준비할 때 양도세 부분이 부담이다. 그렇다면 어떻게 해야 양도소득세에 대한 부담 없이 합가할 수 있을까?
먼저 노부모란 부모님이 만 60세 이상이여야 한다. 여기에 자식 세대원 전원이 함께 합가해야 한다. 만약 아들만 노부모와 합가하고 처와 자식은 따로 생활을 하면 노부모 합가로 보지 않는다. 위의 조건을 만족했을 때 양도세는 다음과 같다.

노부모와 자식 각각 1가구씩 보유한 상태에서 합가를 하는 경우 합가일 기준으로 5년 이내 먼저 양도하는 주택이 비과세 요건을 갖췄다면 양도소득세는 과세되지 않는다.
그러나 합가 이전 노부모 또는 자식이 1가구 2주택자로 합가를 통해 3주택이 된다면 비과세 조건을 받지 못하는 것이 당연하며, 1가구 3주택자로 양소소득세 대상이 된다. 따라서 위의 김효자 씨 경우 아버지가 만 60세 이상이면서 1주택을 보유하고 가족 전원이 합가를 한다면 5년까지는 양도소득세 걱정을 하지 않아도 된다.

22

양도세 비과세만 잘 알아도
돈 번다

주택을 사고 팔 때 일정 부분 이익이 발생하면 그에 따른 일정 부분을 양도세 명목으로 세금을 내야 한다. 하지만 이익이 많이 났다고 해도 **일정 요건을 갖추면 양도세를 면제받을 수 있다.** 즉 양도세 비과세를 받을 수 있다는 말이다.

일정 요건에는 2년 이상 보유, 취학·질병·근무상의 사유로 매도, 해외이주·취학·근무상 세대 전원 출국, 주택 수용 시, 5년 이상 거주한 임대아파트 매도 등이 있다.

주택거래에서 양도세 비과세는 수익률을 결정짓는 데 중요한 역할을 한다. 따라서 비과세 요건을 갖췄는지 여부는 부동산 투자에서 매우 중요한 부분이다.

1가구 1주택자가 양도세 비과세를 받을 수 있는 다섯 가지 방법

❶ 2년 이상 보유 : 2년 이상 보유 시 양도세가 비과세다. 비과세 요건을 갖추었더라도 매도 가격이 9억 원을 초과한다면 9억 원 초과 부분에 대해 별도로 양도세를 부과함에 유의하자.

❷ 취학·질병·근무상의 사유로 매도 : 취학, 질병, 근무 등 부득이한 사유가 있는 경우 비과세 요건을 채우지 못해도 비과세 대상이다. 그러나 주택구입일부터 매도일까지 최소한 1년 이상을 거주하고 세대 전원이 다른 시·군으로 이사하는 경우에 한한다.

- 취학: 초·중등교육법에 의한 학교(유치원, 초등, 중학교 등)와 고등교육법에 의한 학교 취학
- 근무: 직장의 변경이나 전근 등
- 질병: 1년 이상의 요양을 필요로 하는 질병

❸ 해외이주·취학·근무상 세대 전원 출국 : 해외이주법에 의한 해외이주나 1년 이상 계속해 국외거주를 필요로 하는 취학 또는 근무상의 형편으로 세대 전원이 출국하는 경우 비과세다. 단 출국 후 2년 내 매도하는 경우에 한한다.

❹ 주택 수용 시 : 공공용지로 협의 매수되거나 수용되는 경우 비과세 대상이다. 단 사업인정고시일 이전에 취득한 주택에 한한다.

❺ 5년 이상 거주한 임대아파트 매도 : 임대주택법에 의한 건설임대주택을 분양받아 매도하는 경우로서 당해 주택의 임차일로부터 양도일까지의 거주기간이 5년 이상이라면 양도세가 비과세된다.

이사할 때 **체크**해야 할 사항

이사를 할 때에는 간혹 물건이 훼손되기도 한다.
이에 대한 분쟁을 최소화하려면 이사업체와
사전에 충분한 상의가 필요하다.
특히 훼손 가능한 물건은 이사업체와 함께 체크하여 훼손될 경우
보상 범위를 확실히 정하는 것이 좋으며,

귀중품은 본인이 직접 챙기는 것이 좋다.

나억울씨는 처음 장만한 내 집으로 이사하면서 기분이 매우 좋았지만 이러한 기분도 잠깐, 이사업체의 횡포에 기분이 몹시 상했다. 바로 이사 전까지 멀쩡했던 물건이 훼손됐는데, 이사업체에서는 원래 훼손된 물건이라고 오리발을 내밀고 있기 때문이다. 이 같은 상황은 종종 벌어진다. 그렇다면 이렇게 **억울한 일을 당하지 않기 위해 미리 체크해야 할 사항**으로 어떤 것들이 있는지 함께 살펴보자.

1. 귀중품은 되도록이면 스스로 챙기는 것이 좋다. 그럴 여유가 없다면 별도로 취급해 도난의 우려를 사전에 방지한다.

2. 운송 전 이사화물의 품명과 수량은 모두가 있는 자리에서 확인하자. 향후 분실이 있을 경우 책임 소재를 철저히 밝힌다.

3. 깨지기 쉽거나 훼손 가능성이 높은 물품은 따로 구분하여 이삿짐센터 직원에게 특별히 주의사항을 알려준다.

4. 가구 등 대형 물품의 배치를 사전에 계획하여 별도운임 요구 시비를 방지해야 한다.

5. 계약 시 정리, 정돈, 에어컨의 설치 여부 등에 대한 특약 사항은 반드시 계약서상에 책임 여부를 분명히 기재해야 한다.

6. 이삿짐 파손, 분실 등의 피해가 발생했다면, 그 자리에서 피해 내용에 대한 확인서를 받아둠과 동시에 파손이나 훼손된 이삿짐에 대해서는 사진촬영을 해둔 후 즉시 이사업체에 연락하여 피해 보상 및 처리절차를 상담해야 한다.

24

꼭 알아야 할
전세자금 대출 Q&A

임대차계약을 체결하고 보증금의 10% 이상 납부한 만 19세 이상인 세대주 또는 세대주로 인정되는 자로서 **연소득 5,000만 원 이하, 6개월 이상 세대주 및 세대원 전원이 무주택이라면 근로자·서민 전세자금 대출이 가능하다.** 단, 전용면적 85㎡ 이하 주택에 한하며 전세보증금의 70% 이내, 최고 8,000만 원(수도권의 경우 1억 원)까지 지원된다. 이 조건에 해당하지 않는다면 1금융권 일반 전세자금 대출을 받을 수 있다. 만약 신용등급, 세대주 조건 등의 문제로 1금융권을 이용할 수 없거나 한도가 부족하다면 2금융권 전세자금 대출을 두드려볼 수도 있다.

전세자금을 대출받을 때는 반드시 집주인의 동의를 구해야 하며, 후자로 갈수록 대출 금리가 높아지므로 가급적 국민주택기금을 이용하면 유리하다.

전세자금 마련이 여의치 않다면 전세자금 대출을 두드려볼 수 있다. 그러나 대출받을 때 의외로 모르는 사항이 많아 낭패를 당하기 십상이다. 대출 시 꼭 알아둬야 하는 사항들을 체크해보자!

세대주로 인정받을 수 있는 경우는?

세대주로서 대출받기 위해서는 기혼 세대주, 노부모 · 미성년자 세대원을 부양하는 미혼 세대주, 35세 이상의 단독 세대주, 청첩장 등으로 증빙되는 결혼예정 예비 세대주 등이어야 한다.

결혼을 앞둔 신혼부부는 미리 전세자금을 대출받을 수 있나?

배우자가 연대보증을 선다는 조건으로 대출받을 수 있다. 국민임대주택기금에서 지원하는 전세자금은 나이, 소득, 부양가족 수 등에 따라 최고 8,000만 원(보증금의 5% 이상 납부 시, 전세보증금 70% 이내에 한함)까지 대출이 가능하다.

무소득자나 소득신고를 하지 않은 사업자도 받을 수 있나?

원칙적으로 소득신고 내용이 없으면 무소득자로 간주한다. 다만 소득신고를 하지 않은 사업자는 은행에서 연소득을 2,000만 원으로 인정하기 때문에 대출이 가능하다.

가구주가 신용관리 대상이라도 전세자금대출이 가능한가?

신용관리 대상자는 대출받을 수 없다. 신용불량자인 경우 해제 이후에나 대출 신청이 가능하다. 다만, 신용상 문제가 없는 배우자 명의로는 가능하다.

전셋집은 모두 전세자금 대출받을 수 있나?

대출받으려는 전세나 월셋집은 반드시 주택법상 주택에 해당돼야 한다.

압류 또는 가압류가 걸려 있는 주택, 과도한 근저당이 설정된 경우, 주택법상

주택이 아닌 오피스텔, 영구 임대주택은 불가능하니 기억해두자.

➕▶ 플러스TIPS

전세대금 대출받기 전 알아두면 좋은 팁

* 한국주택금융공사 홈페이지 내 '주택보증'에서 보증가능 여부 및 보증가능 한도금액을 미리
  조회해볼 수 있다. 대출받기에 앞서 확인해두면 좋다.
* 정부에서는 전월세 지원센터(http://jeonse.lh.or.kr) 및 콜센터(1577-3399)를 통해 전세매물
  제공, 대출상담, 대출지원, 법률상담 등이 한번에 이루어질 수 있는 One-Stop 서비스를 제공
  한다.

멍청한 주택시장과 원칙 있는 투자

이번 부자노트에서는 주춤해진 주택시장에서 고민하는 대기 매수자들에게 도움이 되는 내용입니다. 물론 매도자들에게도 도움이 될 것입니다. 아파트를 구입하려는 대기 매수자들은 요즘 고민이 많습니다. 주택시장에 거래가 다시 줄어들고 매매가가 약보합세로 돌아섰기 때문입니다. 과연 구입 시기로 지금이 적정한지, 앞으로 집값은 어떻게 될 것인지 알 수 없기 때문에 매수를 주저하고 있습니다.

주저하는 매수자에게 결단력을 높여줄 수 있는 쪽으로 어드바이스를 해드리겠습니다. 저는 조지 소로스의 말처럼 주택시장에서도 예측하지 말고 불확실성에 투자해야 한다고 생각합니다. 시장 예측은 누구나 할 수 있습니다. 하지만 누구나 (여러 번) 틀릴 수 있고 누구나 (한 번은) 맞출 수 있습니다. 따라서 본인이든 전문가든 예측에 의존해 매수타이밍을 결정하는 것은 바람직하지 않습니다. 성공적인 투자자는 시장을 예측하는 데 크게 신경 쓰지 않습니다. 시장을 예측하는 게 무의미한 것은 소로스의 말처럼 주식시장과 마찬가지로 주택시장도 멍청하기 때문입니다.

'가치투자의 아버지' 벤저민 그레이엄은 변덕스러운 주식시장을 미스터 마켓(Mr. Market)이라고 표현했습니다. 주식시장 정도는 아니겠지만 주택시장도 변덕스럽습니다. 요즘 주택시장은 감정기복이 심한 조울증을 앓고 있다고 보면 됩니다. 특히 2014년 주택시장은 더욱 그러했습니다.

2014년 초 급매물이 소진되고 매매가가 오르기 시작하면서 추격매수까지 가세해 집값이 단기간 급등하다가도(조증) 3월처럼 갑자기 전월세 과세 발표와 비수기를 맞아 시장이 가라앉아 가격이 하락하기도(우울증) 합니다. 그래서 변덕스러운 장세에 휘둘리지 말라고 말씀드리는 것입니다.

모든 것을 다 알고 매수하려고 해서는 안 됩니다. 모든 것을 다 알 필요도 없고 알 수도 없습니다. 중요한 건 매수 대상 주택에 대해 다른 사람들보다 조금이라도 잘 알고 있다고 판단할 경우 매수하면 됩니다. 시장이 불확실해도 말입니다.

시장이 확실했던 적은 사실상 없었습니다. 저는 지금처럼 미스터 마켓이 우울증에 빠졌을 때, 즉 내재가치와 시세 차이가 커졌을 때가 바로 매수타이밍이라고 생각합니다. 물론 언제까지 미스터 마켓이 우울증이 빠져있을지 알 수 없습니다. 갑자기 조증으로 돌변할 수 있으니까 말입니다. 주택시장 추이를 남보다 빨리 감지하고 다른 사람들이 눈치 채기 전에 투자를 해야 합니다. 개미처럼 시장에서 뒤쫓으면 늦습니다. 개미보다 두발 짝 앞서 가야 합니다. 내 집 마련이든 투자든 말이죠.

뛰어난 축구 선수는 공을 뒤쫓지 않습니다. 기회와 공간을 뒤쫓습니다. 박지성을 보면 쉽게 이해될 것입니다. 박지성의 최대 장점은 바로 공간 창출 능력입니다. 볼이 없을 때의 움직임, 즉 활동량이 좋습니다. 공간을 찾아 들어가는 움직임이 영리합니다. 따라서 박지성 선수의 동선에는 항상 빈 공간이 많고 그래서 다른 공격수가 골을 넣을 기회가 많습니다.

다시 한 번 소로스의 투자법을 소개합니다. 그는 먼저 투자하고 나중에 조사합니다. 미스터 마켓의 마음이 이리저리 변할 때 '빈 공간'을 찾아 투자해 이익을 얻는 것입니다. 그는 매입가 이하로 지속적으로 가격이 내려가면 자신의 가정이 잘못됐다고 시장이 말하고 있다고 보고 단호하게 투자를 철회합니다. 또 매입가 이상으로 상승하면 자신의 선택이 옳았으므로 추가로 매수합니다.

그의 투자행동은 충분히 부동산 투자에서 본받을 만합니다. 물론 부동산이 주식보다 환금성이 떨어지니 좀 더 신중하게 움직여야겠죠. 지금 주택시장에서 대기 매도자는 집주인들의 전월세 과세 부담이 실제로 크지 않기 때문에 성수기가 다가오면, 매매가가 다시 상승할 것으로 기대하고 있습니다.

변덕스러운 주택시장에서 예측하지 말고 불확실성에 베팅하세요. 자신만의, 자기에게 맞는 투자원칙에 따라 자신이 잘 아는 주택에 투자하세요. 시장이 우울증에 걸렸을 때 빈 공간을 찾아서 말입니다.

200자 촌철살부   독락(獨樂)

어떤 사람이 인생을 살아가는 데에 있어서 우리는 굉장히 우유부단하다. 그런데 어떤 길을 갔을 때 뒤쪽 길을 돌아보지 않아야 한다. 섬세함이 문제가 아니라 (섬세함은 어떠한 것을 결정하기 전에 필요하다) 결정했을 때 뒤를 돌아보면 안 된다. 무조건 앞으로 가야 할 때가 있다. 우리가 잃어버린 하나의 정신 같은 것이다.

분양권은 입주직전에 싸게 살수 있다

분양권도 일반 매매와 마찬가지로 계약 후 2년 이후에는 일반세율 6~35%가 적용된다. 하지만 입주 후 매도하면 보유기간이 1년 이하가 되어 50% 중과세가 가중된다.

즉 분양권 상태에서 매도를 결심한 사람이라면 양도세가 낮은 분양권 상태에서 매도하는 것이 이익이 크다. 따라서 입주 시점이 다가올수록 다소 낮은 가격에라도 팔려는 사람이 많으니 이때를 노리는 것도 좋은 전략이다.

보유기간별 양도세율

보유기간	양도세율
1년 미만	50%
1년 이상~2년 미만	40%
2년 이상	6~35%

A씨는 2년 전 3억 원에 아파트를 한 채 분양받았다. 입주를 3개월 앞둔 시점에서 그는 분양받은 아파트를 4억 원에 매도하고자 했다. 하지만 4억 원에는 아무도 매입하려 들지 않았다. 1,000만 원만 깎아주면 계약서를 쓰겠다는 매수자가 있기는 했지만 A씨는 4억 원 이하 가격으로는 절대 팔지 않겠다고 고집을 부렸다. 결국 4억 원에 매수자를 찾지 못하면서 시간은 점점 흘러갔고, 입주날짜가 며칠 남지 않은 시점이 되었다. 결국 A씨는 고집을 꺾고 1,000만 원 낮은 시세에 계약서를 썼다. 절대로 꺾이지 않을 것 같은 A씨의 고집을 누가 꺾었을까? 바로 양도세다.

양도세에 대해 무지했던 A씨는 어느 날 친구 B씨를 통해 충격적인 말을 듣는다. 양도세 때문에 1,000만 원 낮게라도 입주 전 매도하는 것이 A씨에게 더 유리하다는 것이다. 그렇다면 얼마나 유리한지 한번 살펴보도록 하자.

분양권 상태에서 1,000만 원 값을 낮춰 매도할 경우 양도차익은 9,000만 원이며 분양권 2년 이상 보유로 세율은 6~35% 일반세율이 적용된다. 따라서 양도세는 약 2,970만 원(편의상 필요경비 및 기본공제는 생략함)으로 순 이익은 6,030만 원이 된다. 하지만 입주 후 바로 4억 원의 시세로 매도한다면 양도차익이 1억 원이 된다. 보유기간은 입주일 기준으로 1년 이내가 된다. 즉 세율 50%의 중과세가 적용돼 양도세는 5,000만 원이 나오고 순이익은 5,000만 원으로 떨어진다. 즉 1,000만 원 낮게 팔았지만 분양권 상태에서 파는 것이 입주 후 파는 것보다 1,030만 원 더 많은 이익을 가져다준다.

민간임대와 공공임대
분양 잘 받아야 한다

분양 전환되는 민간임대 아파트(5년 임대기간)는
애초 계약시점에 분양가가 책정돼 향후 오르는 시세에 대한
이익을 입주자가 취할 수 있다.
하지만 분양 전환되는 공공임대 아파트(10년 임대기간)는 분양으로 전환되는
시점에 분양가가 책정돼 그 사이에 오른 시세가 분양가에 포함됨에 따라

입주자가 아닌 주택사업자가 이익을 취하는 꼴이 된다.

민간임대는 민간건설이 공급하는 임대아파트로 보통 5년 임대기간에 절반인 2년 6개월 이후면 분양 전환이 가능하다. 공공임대는 LH를 비롯 SH공사 등 공공기관에서 공급하는 임대아파트다. 임대기간이 10년으로 정해져 있으며 절반인 5년 이후면 분양 전환이 가능하다. 두 가지 모두 분양 전환이 가능하여 처음에는 임대로 살다가 향후 내 집으로 전환할 수 있다는 장점이 있다. 그런데 유의해야 할 점이 있다. 분양 전환 시 분양가가 문제다.

민간임대의 경우 분양 전환 시 분양가 책정을 입주자 모집공고 시점 기준으로 하지만 공공임대의 경우 분양하기로 결정한 날을 기준으로 한다. 즉, 민간임대는 임대시기에 주변 집값이 크게 올라도 이미 입주자 모집공고 시점에 분양가가 책정돼 있기 때문에 부담이 없다. 그러나 공공임대는 임대시기에 주변 집값이 크게 오르면 향후 분양시점에 분양가 역시 크게 오를 수 있어 입주자 부담이 가중될 수 있다.

➕ 플러스TIPS

임대아파트의 종류

공공기관에서 공급하는 임대아파트는 국민임대, 장기전세, 공공임대 등 크게 세 가지가 있다.

- **국민임대** : 보증금에 매달 월세를 내는 형식이며 임대기간은 30년이다. 주로 LH에서 공급한다. 분양 전환은 되지 않는다.
- **공공임대** : 5년 공공임대주택과 50년 공공임대주택이 있는데 5년 공공임대주택만이 분양 전환이 가능하다. 국민임대와 마찬가지로 보증금에 매달 월세를 내는 형식이며 LH에서 공급한다.
- **장기전세주택** : 임대기간이 20년이며, 마찬가지로 분양 전환은 되지 않는다. 하지만 다른 임대와 달리 보증금만 필요하며 주로 SH공사에서 공급함에 따라 서울에만 국한돼 있다.

27 부모님에게 세금없이 돈빌리기!

보통 부모와 자녀 사이의 돈 거래는 세법에서 엄중히 다루기 때문에 부모님의 돈을 무상으로 빌려다 쓰기가 어렵다. 하지만 실제로 돈을 빌린 것이라는 사실만 입증할 수 있다면 법적으로 1억 원까지 무이자로 빌릴 수 있다.

단, 1억 원이 넘는 금액에 대해서는 **적정이자(기획재정부 장관이 고시, 2014년 10월 현재 8.5%)를 줘야 한다.**

적은 돈은 빌리는 게 낫다

부모님에게 빌리는 명목이 아닌 실제로 증여받을 수 있는 금액은 10년간 3,000만 원이다. 이 금액이 넘으면 10~50%의 증여세가 부과된다. 따라서 3,000만~1억 원의 돈이 필요하다면 부모님께 증여받기보다 빌리는 편이 훨씬 유리하다.

결혼을 앞두고 있는 순총각씨는 신혼집을 구하고 있는 중인데, 약 1억 원가량이 부족하다. 부모님에게 빌릴 수 있지만 증여세가 걱정돼 망설이고 있다. 좋은 방법이 없을까?

만약 순총각 씨가 부모님에게 돈을 빌릴 때 차용증만 쓰고 확정일자를 받는다면 추가 세금 없이 돈을 빌릴 수 있다. 일반적으로 부모와 자녀 사이에는 자금을 대여하더라도 특수관계자이기 때문에 증여한 것으로 본다. 따라서 1억 원을 부모에게 빌렸다면 기본공제액 3,000만 원을 제외한 7,000만 원의 10%인 700만 원을 증여세로 내야 한다. 그런데 부모 자식 간이라도 실제로 돈을 빌린 것이라는 사실만 입증할 수 있다면 증여로 보지 않는다.

즉 부모에게 돈을 빌릴 때 차용증을 작성하고 확정일자를 받아두면 된다. 여기서 차용증 작성 시 이율을 산정하는데, 세법에서는 특수관계자 간에 1억 원 이하의 금액은 이자가 없어도 무방하다고 한다. 결론적으로 말해 1억 원까지는 차용증만 작성하면 부모님으로부터 무이자로 빌릴 수 있다는 얘기다. 그러나 1억 원이 넘을 때는 적정이율 8.5%가 적용된다. 만약 2억 원을 무이자로 빌렸다고 하더라도 이때는 2억 원의 8.5% 이율인 1,700만 원이 매년 증여받은 것으로 간주돼 과세당할 수 있다.

노총각과 무주택자,
그들만의 이야기

많은 노총각들 중 상당수는 결혼할 기회가 있음에도 불구하고 이를 잡지 못해 총각이 되는 경우가 많다. 언제나 기회가 있을 줄 알고 말이다. 하지만 결혼할 기회는 항상 있는 것이 아니다. 무주택자도 마찬가지! 집값이 오를 때에는 사고 싶어도 돈이 모자라 집값이 내릴 때만 기다리지만 막상 집값이 내리면 부동산투자 시대는 한물갔다며 기회를 무산시켜 버린다.

'밀짚모자는 겨울에 사라' 는 말은 누구나 아는 사실이지만 이를 실천에 옮기는 사람은 그리 많지 않다. 부동산도 마찬가지다. 많은 사람들이 집값이 크게 오를 때 팔고 집값이 떨어질 땐 사야 큰 이익을 얻을 수 있다는 걸 머리로는 알고 있지만 실상 이를 실천에 옮기는 사람은 많지 않다.

즉 아직까지 많은 사람들은 부동산가격이 오를 때 사고 내릴 때 팔려는 속성을 가지고 있다. 결국 남들과 똑같이 행동하기 때문에 부동산투자에서 큰 성과를 거두지 못하는 것이다. 이는 부동산가격이 오를 때, 즉 시장이 좋을 때에는 계속해서 좋을 것만 같은 착각에 빠지고 가격이 내릴 때에는 부동산으로 돈 벌 수 있는 시대가 갔다고 판단하기 때문이다. 즉 시장의 분위기를 극복할 수 있는 용기가 없는 것이다.

하지만 모든 경기가 그렇듯이 부동산도 마찬가지로 상승세가 있으면 하락세가 있었다. 물론 최근 들어 혹자는 인구구조의 변화 등을 이유로 들어 집값이 다시 오르기 힘들 것이라고 얘기하기로 했으나 이는 IMF때도 그랬고 금융위기 직후에도 그랬다. 하지만 모두 다시 상승세를 보였다. 따라서 평소에 높은 집값이 부담되어 내 집 마련을 미뤘던 실수요자라면 불경기로 인해 집값이 낮아졌을 때 적극적으로 매입을 추진하는 것이 좋겠다.

 플러스TIPS

인구구조 변화로 향후 집값이 폭락한다?

최근 일부 사람들은 집값 폭락설을 주장한다. 물론 그 의견처럼 향후 집값이 떨어질 가능성도 있다. 하지만 사회과학에서 사용되는 통계는 부동산보다 발달된 주식시장에서 정확도가 크게 낮기 때문에 일부 통계를 인용하여 집값이 향후 떨어질 것이라는 의견을 맹신해서는 안 된다. 우리가 사는 사회는 한두 가지 변수로 예측할 수 있을 만큼 단순하지 않다. 경제학의 대가 애덤 스미스의 '보이지 않는 손'도 시대에 따라 평가가 다르다는 점이 이를 잘 보여준다. 즉 절대 가격이 오를 것이다. 또는 이제 계속 떨어질 것이라는 전망은 쉽게 해서는 안 되며, 또한 이를 쉽게 믿어서도 안 된다.

29 교통호재라도 똑같이 집값에 영향을 주는 건 아니다

교통호재가 있더라도 호재가 강남으로 연결되느냐,
그렇지 않느냐에 따라
집값에 미치는 영향이 다르게 나타난다.
강남으로 연결되는 호재가 실제 집값에 큰 영향을 준다는 말이다.

교통호재는 집값을 끌어올리는 데 큰 역할을 한다. 하지만 모든 교통호재가 집값을 큰 폭으로 끌어올리는 건 아니다. 즉 어느 곳과 연결되느냐에 따라 집값에 미치는 영향이 다르다. 그렇다면 **집값에 가장 큰 영향을 주는 노선은 어디일까? 바로 각종 업무시설, 문화시설, 교육시설 등이 밀집된 강남이다.**

실제로 2014년 사람들에게 큰 관심을 모았던 지하철 교통호재는 총 4개다. 2021년 완료 예정인 위례신사선, 2016년 개통예정인 서울지하철 9호선 3단계와 신분당선 남부 연장 1단계, 2015년 개통을 목표로 하고 있는 성남~여주 복선전철 등의 교통호재가 있었다. 2013년 한 해 동안 가장 높은 상승률을 보인 역세권 단지를 살펴본 결과 8호선(1.66%) > 9호선(0.63%) > 분당선(0.30%)이 1, 2, 3위를 기록했는데 모두 강남권과 연결되는 노선으로 경기침체기 임에도 상승률을 보였다. 하지만 그 밖의 대부분 교통호재들은 모두 마이너스 변동률을 보였다.

➕ 플러스TIPS

강남권 교통호재 또 어디?

현재 9호선 2, 3단계 구간의 경우 2단계 신논현~종합운동장 구간, 3단계 종합운동장~보훈병원 구간이 각각 2015년 상반기, 2016년 이후 등에 계획돼 있다. 또한 보훈병원에서 고덕강일지구로의 연장이 구상돼 2020년경을 목표로 하고 있다.

30 같은 단지에서도
아파트 가격차 나는 이유는?

같은 단지라도 동, 호수에 따라 가격차가 크게 나는 것을 볼 수 있다.
특히 한강 조망권의 경우 같은 단지임에도 20% 이상 가격 차이를 보이기도 한다.
이처럼 가격 차이가 크게 나는 것은 각 가구당 주거환경의 차이 때문이다.

주거환경에 영향을 주는 대표적인 요소
일조, 조망(경관, 개방감), 사생활침해, 소음 등

단위세대의 가격에 영향을 미치는 주거환경

구분		의미 및 특성
일조		● 빛, 열량 등을 내는 햇빛이 내리쬠을 의미하며, 일조 침해가 발생하면 난방비 · 조명비의 증가, 건강상 · 정신적 위해 등이 발생한다. 집값에 큰 영향을 미친다.
		● 대한민국의 판례상 일조기준은 동지일 기준 08:00~16:00시 사이에 총 일조시간 4시간, 09:00~15:00시 사이에 최장 연속 일조시간 2시간 이상으로 적용되고 있다.
조망	경관	● 강 · 바다 · 호수 · 산 · 공원 · 골프장 · 도심 야경 등 인간의 심리적 만족감을 유발하는 좋은 경관을 바라볼 수 있는 조건을 의미한다. ● 생활 수준의 향상으로 보다 나은 주거환경에 대한 욕구가 증가하면서 좋은 경관 여부가 아파트 단위세대의 가격에 큰 영향을 미치고 있다.
	개방감	● 아파트 단위세대에서 무의식적으로 외부 공간을 바라보는 경우 전면에 배치된 건물 · 고가도로 등 원하지 않는 물리적 장애에 의해 시야가 막히지 않는 것을 의미한다. ● 개방감의 확보는 심리적 안정감을 유발하며, 장애물의 이격거리가 멀어질수록 심리적인 압박감이 감소하는 것으로 알려져 있다.
사생활침해		● 아파트 단위세대의 내부 공간이 외부로부터 건너다보이는 것으로 심리적 안정감을 좌우하는 요인이다. ● 침해 정도는 이격거리와 관련이 있으며, 일반적으로 동작을 분별할 수 있는 최대거리는 약 135m로 조사된다.
소음		● 일상생활에서 발생하는 개인이 원하지 않는 음을 총칭하며 관습, 개인적 성격 등의 영향을 받는 건강상 · 정신적 공해를 의미한다. ● 대한민국 주거지역에서 낮 동안 허용기준은 65dB이며, 일반 사람들이 허용 기준값 이상 소음에 1개월 이상 지속적으로 노출될 경우 청각 장애를 유발하기도 한다.

* 한국감정원 부동산연구원 발표자료

오피스텔, 주거용과 업무용 어떻게 나누죠?

오피스텔은 어떻게 사용하느냐에 따라
주거용 또는 업무용으로 분류된다.
주거용으로 분류될 때 세법상 주택으로 인정되어
양도세 등을 계산할 때 주택 수에 포함된다.

- 오피스텔에 주민등록이 되어 있으면 주택으로, 사업자등록이 되어 있으면 업무용으로 본다.
- 미성년 자녀와 함께 거주하는 오피스텔도 주택으로 본다.
- 전기, 전화료 등 공과금 영수증도 판단 기준이 된다.
- 구독하는 신문이나 잡지 종류도 점검 기준이 된다.
- 이 밖에 오피스텔 소유자의 은행계좌나 의료보험 기록을 점검, 실제 거주 여부를 판정한다.

오피스텔은 어떤 용도로 사용하는가에 따라 적용하는 세제가 다르다. 실제 사용인(임차인 또는 소유주)이 주거용으로 사용하면 주택으로 과세하고 상가나 사무실 등으로 이용되면 주택이 아닌 업무시설로 과세한다. **사무실로 임대한 오피스텔은 동일한 가액일 때 보유세(재산세 및 종합부동산세)가 주택보다 적다. 양도세의 경우도 일반건물로 과세되므로 주택에 대한 세금 규정을 적용받지 않는다. 단, 업무용으로 사용할 경우에는 양도세 비과세 조건을 갖추었더라도 비과세를 받을 수 없다.** 참고로 사업자등록이 된 자는 월세의 10%에 대해 세금계산서를 발행, 소득세 매출세액에서 공제받을 수 있다. 이에 주거용 판정 여부가 매우 중요한데, 정부에서는 공무원의 자의적인 판단을 줄이고 보다 객관적으로 판정하기 위해 지침(주거용 오피스텔의 주택판정 지침-국세청)을 마련한 바 있다.

❶ 오피스텔에 주민등록이 돼 있으면 주택으로 본다. 단순히 업무용으로 오피스텔을 사용하는 사람들은 주민등록을 옮기지 않기 때문이다.

❷ 미성년 자녀와 함께 거주하는 오피스텔도 주택으로 본다. 자녀들과 함께 생활하는 오피스텔을 업무용으로 볼 수 없다는 판단 때문이다. 이를 위해 국세청은 초·중·고교에서 보낸 취학통지서나 학적부상 주소 등을 근거로 미성년 자녀가 거주하고 있는지를 가릴 방침이다.

❸ 전기, 전화료 등 공과금 영수증도 판단 기준으로 한다. 같은 면적의 일반 사무실에서 내는 공과금 수준과 비교하기 위한 것이다.

❹ 구독하는 신문이나 잡지 종류도 점검 기준이 된다. 구독하는 신문이나 잡지 종류가 사업자등록증에 표시된 업종과 별다른 관계가 없으면 실제 기능을 주거용으로 볼 수 있기 때문이다.

❺ 이 밖에 오피스텔 소유자의 은행계좌나 의료보험 기록을 점검, 실제 거주 여부를 판정할 계획이다.

이런 곳 재개발된다

재개발 사업추진을 위해서는 정비구역 지정을 받아야 한다. 이를 위해서는 반드시 일정 요건을 갖춰야 한다. 그렇다면 어떤 곳이 재개발되는 것일까?

서울시에서는 다음과 같이 정하고 있다. 우선 노후·불량건축물이 해당 지역 안에 있는 건축물 수의 60% 이상이고, 면적이 1만㎡(서울특별시 도시계획위원회가 심의하여 인정하는 경우에는 5,000㎡) 이상으로서 다음 각 사항 중 어느 하나에 해당하는 지역은 재개발구역으로 지정될 수 있다.

1. 건축대지로서 효용을 다할 수 없는 과소필지(90㎡ 미만의 토지), 부정형 또는 세장형 필지 수가 50% 이상인 지역
2. 주택접도율이 40% 이하인 지역(단, 이 조례 시행 전에 고시된 2010 도시·주거환경정비기본계획상 주택재개발예정구역인 경우에는 50% 이하인 지역)
3. 호수밀도가 60 이상인 지역. 즉 1ha당 최소 60가구(건축물의 동수 기준) 이상의 호수밀도를 갖춰야 한다.

알쏭달쏭 재개발 Q&A

Q. 노후 · 불량건축물? 무조건 오래되면 되나요?

A. 노후 · 불량건축물에 관한 정의는 시 · 도별 조례에 나와 있습니다. 예로 서울 철근 · 철골콘크리트, 강구조 공동주택 중 1992년 1월 1일 이후 준공된 5층 이상 건축물은 40년, 4층 이하 건축물은 30년이 지나야 합니다. 그러나 준공된 지 일정기간이 지났다고 모두 재개발사업 대상으로 지정할 수는 없습니다. 실제 성동구 행당7구역 주민들은 구역 안에 멀쩡한 집들이 다수 포함돼 있음에도 시가 느슨한 요건을 적용해 재개발을 허용했다며 소송을 냈고, 안양 냉천지구와 새마을지구는 주거환경개선사업 정비구역 지정 취소판결(1심 재판)이 나기도 했습니다. 단순히 조례에 따라 연한이 된 건축물을 모두 정비구역 지정대상 노후 · 불량 건축물로 분류해 위법하다고 판단했기 때문입니다.

◆ 플러스TIPS

호수밀도에 따른 건축물 동수 산정 기준
❶ 공동주택은 세대수가 가장 많은 층의 1세대를 1동으로 봄
❷ 신규 무허가건축물은 건축물 동수 산정에서 제외함
❸ 단독 또는 다가구주택을 건축물 준공 후 다세대주택으로 전환한 경우에는 전환 전의 건축물 동수에 따라 산정
❹ 비주거용 건축물은 건축 면적당 90㎡를 한 동으로 봄

Q. 주택접도율이 도대체 뭔가요?

A. 서울시 조례에 따르면, 폭 4m 이상 도로에 길이 4m 이상 접한 대지의 건축물의 총수를 정비구역 안의 건축물 총수로 나눈 비율을 말합니다(다만 연장 35m 이상의 막다른 도로의 경우 폭 6m로 함).

즉 구역 내 전체 주택 중 4m 이상 도로에 접한 주택이 얼마나 되느냐 하는 것으로서 이 비율이 높을수록 4m 이상 되는 도로가 구역 내에 많다는 뜻입니다. 반대로 접도율이 낮다면 4m 되는 도로조차 적어 화재 발생 시 대형 참사 우려, 일조권 침해 가능성 등이 높아 주거환경이 좋지 않은 지역으로 해석할 수 있어 재개발 대상이 되는 것입니다.

오윤섭의
부자노트

부동산 개미들이 투자에 실패하는 이유

이번 부자노트에서는 부동산 개미들이 왜 부동산 투자에 번번이 실패하는지를 매수타이밍과 매도타이밍으로 나눠 정리했습니다.

개미들의 매수타이밍

가장 큰 특징은 바로 장세에 휘둘려 매수타이밍을 잡는다는 것입니다. 집값이 보합세나 하락한다고 하면 주택 매수에 전혀 관심이 없습니다. 마치 영원히 집값이 하락할 것으로 생각하고 관심조차 주지 않습니다. 비관주의자의 말을 철썩 같이 믿습니다.

하지만 언론이나 전문가를 통해 가격이 바닥을 쳤다는 뉴스가 나오기 시작하면 개미들이 불안해집니다. 더 오르기 전에 사야 한다며 꼭지에 임박했을 때 추격매수를 하게 됩니다. 2006, 2007년 개미들이 대거 주택을 구입한 경우가 대표적입니다. 한마디로 뉴스에, 군중심리에, 전문가의 말에 민감하게 반응하는 게 바로 부동산 개미들의 특징입니다. 개미들은 외로움을 싫어합니다. 그리고 참을성(인내력)이 없습니다. 남이 사야 나도 산다는 식이죠. 집값이 무릎을 지나 꼭지에 이르렀을 때도 남이 사니 더 오를 것이라는 군중심리에 휘말려 고점매수를 하는 실수를 저지르게 되는 것입니다.

2014년 2.26대책에 따른 전월세 과세와 주택시장 비수기를 맞아 집값이 약보합세를 보이자 비관주의자들이 다시 목소리를 높이고 있습니다. 개미들은 비관주의자의 말과 뉴스를 믿고 다시 매수에서 손을 떼고 있습니다. 집값이 다시 오르기 시작해 매도자 우위 시장이 와야 외로움을 싫어하고 참을성이 없는 개미들은 매수타이밍을 잡을 것입니다.

개미들의 매도타이밍

개미들의 매도타이밍은 너무 이르거나 너무 느립니다. 결과적으로 최대의 수익이 아닌 최소의 수익을 지향합니다. 팔아서 이익을 회수하지 않으면 언젠가 시장이 반전돼 집값이 하락할까봐 서둘러 매도하는 것입니다. 이른바 위험회피 심리입니다. 따라서 부동산 개미들은 3년 이상 장기투자를 하기보다는 1~2년 단기 투자를 합니다. 이로 인해 수익률을 떨어뜨립니다.

또한 부동산 개미들은 본전(최초 매입가)생각을 버리지 못해 매도타이밍을 너무 늦게 잡습니다. 적극적으로 손절매를 하지 못하는 것이죠. 바로 손실회피 심리입니다. 팔면 손실이 확정되지만 팔지 않으면 손실을 줄이거나 매입가 이상으로 가격이 회복할 기회를 잡을 수 있다고 믿고 지나치게 오래 보유하는 것입니다.

예를 들어 나개미씨는 지난 2007년 초 7억 원에 아파트를 샀습니다. 하지만 매수 후 집값은 하락세가 시작돼 2012년에 6억 1천만 원까지 하락했습니다. 다행히 바닥을 치고 2014년 들어 2월에 6억 6천만 원까지 가격이 회복했습니다. 그러나 나개미씨는 본전 생각으로 매도하지 못하고 있습니다. 팔아야 할 아파트라면 최초 매입가를 잊고 손절매해야 합니다. 물론 집값이 바닥을 치고 언젠가는 최초 매입가인 7억 원을 웃돌 수도 있을 것입니다. 중요한 것은 팔아야만 손실회피 심리를 이겨내고 현금화한 자산으로 또 다른 투자기회를 잡을 수 있다는 사실입니다.

그렇다면 부동산 고수들은 어떻게 매매타이밍을 잡을까요? 부동산 고수들은 심리전에 강합니다. 참을성이 강합니다. 자신만의 투자원칙이 있기 때문에 장세에 휘둘리지 않습니다. 손절매도 투자원칙에 따라 과감합니다. 자신만의 눈(안목)으로 부동산 매매타이밍을 잡습니다. 전문가의 말이나 뉴스 등은 단지 참고만 할 뿐이죠.

"개미들이 가지 않는 뒤안길에 꽃길이 있다." 유명한 주식 투자 격언입니다. 개미와 반대로 투자해야 최후의 승리자가 된다는 것인데, 부동산 투자도 마찬가지입니다. 하지만 개미들이 가지 않은 꽃길을 가기 위해서는, 즉 역발상 투자를 하기 위해서는 현실적 낙관주의자로서 대세 상승이 온다는 믿음을 갖고 시간싸움을 할 수 있는 참을성과 자금력이 뒷받침돼야 합니다.

"남들이 공포에 빠져 있을 때는 탐욕스러워져야 하며, 남들이 탐욕스러울 때는 공포감을 느껴야 한다. 이도 저도 아닌 때는 한 발짝 떨어져 상황을 지켜보는 것도 좋은 방법이다." 워런 버핏의 역발상 투자에 대한 유명한 말입니다.

200자 촌철살부   **부동산투자 최대의 적(敵)은, 부동(不動)!**

부동산을 매입하고 오랫동안 방치해두는 어리석음을 지적한 격언이다. 물건을 매입하고 10년 이상 지나치게 오랫동안 묵혀두는 경우로 3년 이상 장기보유하되 내재가치가 가격으로 전환됐다면 상승기에 처분하고 침체기에 저평가 된 다른 물건을 매입해야 한다. 자산을 늘리지 않고 그대로 고정시키고 부동산을 활용하지 않는 것은 바람직하지 않다. 부동산은 흐름이 있어야 하고 순환돼야 한다.

허풍이 심한 분양광고 제대로 보기

신문광고에 아파트 분양광고가 넘쳐날 때가 있었다. 분양광고에서는 단점을 숨기고 장점을 부각하는데 많은 소비자들은 이들 분양광고의 실과 허를 제대로 구별하지 못한다. 그렇다면 소비자가 잘 속는 허위광고 유형은 어떤 것들이 있을까?

1. 실제 아파트 현장에 자신이 없으면 모델하우스만 표시한다.
2. 시세비교표를 보여주면서 입지가 좋은 비싼 아파트와 비교한다.
3. 실제로 역과 거리가 멀지만 지도를 축소해서 역세권 단지인 것처럼 만든다.
4. 유명 연예인을 출연시킨다.
5. 택지지구도 아닌데 지구라는 표현을 써서 모든 편의시설이 잘 갖춰져 있는 것처럼 포장한다.
6. 전용면적 대비 공급면적이 너무 크진 않은지 확인하자. 분양가가 뻥튀기될 수 있다.

분양사들의 5대 허풍 분양광고!

사례1 아파트 현장이 자신 없으면 모델하우스만 표시하고, 역세권이 아님에도 불구하고 위치도 축적비율을 높여 지하철역이 현장 바로 옆에 있는 것처럼 묘사한다. 분양가도 인근 가장 비싼 아파트 분양가와 비교해 저렴하다고 광고하는 단지도 꽤 있다.

사례2 '지구'라는 표현을 남발한다. '지구'는 택지개발지구를 의미하는데 체계적인 계획 아래 세워진 도시로 일반적으로 주거여건이 매우 좋다. 그러나 많은 분양광고에서는 택지지구가 아님에도 불구하고 단지 규모가 크다는 이유로 '지구'라는 표현을 쓴다.

사례3 역세권 단지라는 표현도 많이 쓴다. 지하철역과 '도보 5분 거리'라면서 말이다. 하지만 실제로 확인하면 이보다 더 오래 걸어야 역에 닿을 수 있는 경우가 허다하다.

사례4 경기 및 인천 지역 분양물량일 경우 '서울까지 30분'라는 표현을 많이 쓴다. 서울 경계선을 의미하는지 중심지를 의미하는지 모호하며 출근시간 교통체증이 있는 시간 때가 아닌 새벽에 차 없이 달려야 가능한 시간을 표기하는 경우도 있다.

사례5 전용면적 대비 공급면적이 너무 크지 않은지도 확인하자. 일반적으로 분양가는 공급면적 기준으로 책정하지만 실제 자기가 사는 공간은 전용면적인 만큼 똑같은 면적에 살지만 더 많은 분양가를 내는 일도 있기 때문이다.

부동산 불황기에는 오피스텔에 투자하라

부동산시장이 불황기에 접어들면 많은 사람들이 내 집 마련을 미루거나 꺼린다. 이에 전세가가 급등하는 현상이 나타나는데, 일반적으로 **전세가가 급등하면 임대수익이 상승한다. 오피스텔은 임대수익을 목적으로 하는 전형적인 투자상품**이다. 전세가 상승으로 임대수익률이 좋아지면 시세상승도 기대할 수 있다.

> 주의사항 | 오피스텔은 임대수익을 주 목적으로 해야 하는 투자상품인 만큼 단기 시세차익을 기대하고 무리한 대출을 통해 접근한다면 낭패를 볼 수도 있다. 오피스텔은 아파트만큼 수요층이 두텁지 못해 환금성이 약하기 때문이다.

부동산시장 불황기에는 오피스텔이 좋다는 말을 들은 황투자씨는 최근 찾아온 불황기에 직접 오피스텔 투자를 결심하고 물건을 찾아보던 중 메리트 높은 매물을 발견했다. 연 임대수익률이 8~9%에 달하는 물량으로 은행이자보다 3배 가량 높고 일반 오피스텔 임대수익률보다도 1.5배 정도 높은 것이었다.

이에 황투자씨는 다른 이에게 이 물건을 뺏길까봐 서둘러 계약을 했다. 그래서 1년간 쏠쏠한 임대수익률을 만끽하면서 잘 지내고 있었다. 하지만 1년이 지나 세입자가 나간 이후 더 이상 세입자가 들어오지 않아 공실기간이 늘면서 손해가 커졌다. 이에 매도를 하려고 했지만 그마저도 어려웠다.

이유를 알아본 결과 그 지역은 원래 임대수요층이 두텁지 못한 지역으로 주변의 특정 기업이 있어 그로 인해 발생하는 임대수요에 의존하던 곳이었으나 최근 그 기업이 이전하면서 더 이상의 임대수요가 발생하지 않았던 것이다. 임대수익률이 높았던 것은 이와 같은 위험부담이 임대수익에 포함돼 있었던 것이다. 결국 황투자씨는 엄청 낮은 가격에 손절매해서야 오피스텔을 처분할 수 있었다.

이처럼 오피스텔 투자 시 임대수익률이 몇 %가 나오는지도 중요하겠지만 임대수요가 얼마나 있는지도 반드시 확인해야 한다. 즉 임대수요층이 두텁지 못하면서 매우 높은 임대수익률이 나오는 곳보다, 6% 전후의 임대수익률이 보장되면서 강남권, 도심권, 서울 역세권 등 임대수요가 꾸준한 지역으로의 투자가 바람직하다.

임차인이 사라졌다!

어느 날 임차인이 사라졌다!! 그동안 밀린 월세비용은 보증금을 넘어서고 있는 것도 문제지만 빨리 기존 임차인을 내보내고 새로운 임차인을 맞이해 새롭게 임대수익을 내야 하는데 기존 임차인의 짐이 있어 이 또한 쉽지 않다. 어떻게 해야 좋을까?

- 이런 경우에는 임차인을 상대로 '임차인이 월 임대료를 2회 이상 내지 않아 본 소장부본송달로 계약을 해지하고 건물명도청구를 구한다' 는 내용을 원인으로 하는 건물명도 청구소송을 제기하면 된다.
- 임차인의 행방이 불분명해 소장부본이 제대로 송달되지 않을 때에는 법원에 공시송달신청을 하고 법원이 공시송달결정을 하면 임차인에게 직접 송달되지 않아도 재판이 진행될 수 있다.

상가로 임대사업을 하고 있는 A씨는 2014년 1월 B씨와 보증금 3,000만 원, 월세 200만 원에 임대차계약을 맺었다. 하지만 어려운 경기 탓인지 오래되지 않아 월세가 밀리기 시작했다. 이에 불안감을 느낀 A씨는 5개월째 월세가 밀리자 B씨를 찾아가 상가를 비워달라고 요청했고 B씨는 곧 비우겠다고 약속했다. 하지만 이후에도 B씨는 좀처럼 나갈 생각도 하지 않을 뿐만 아니라 월세도 계속 내지 않았다. 이에 A씨는 결판을 내려고 B씨를 찾아갔지만 상가는 문이 닫혀 있고 전화를 해도 받지 않았다. 일명 잠수를 탄 것이다. 이 같은 상황이 1년 넘게 지속되면서 보증금은 밀린 월세로 거의 소진됐다. A씨는 다른 임대인을 받고 싶어도 상가 안에 있는 B씨 물건 때문에 이마저도 쉽지 않은 상황!

이에 A씨는 B씨를 상대로 임대차계약 해지를 통보하고 명도소송을 하려고 했지만 B씨 행방을 알 수 없어 계약해지 통보를 할 수 없으며 명도소송을 제기해 A씨가 이긴다 해도 B씨가 방치하고 간 물건들을 어떻게 치워야 할지 난감하다. 어찌 해야 좋을까?

임차인을 상대로 건물명도청구소송을 제기하고 그 이유를 '2회 이상 월세가 밀려 소장부본송달로 계약을 해지한다'는 내용을 기재하면 추가로 계약해지 통지를 하지 않아도 된다. 소장부본이 송달됨으로써 계약해지 효과가 발생하기 때문이다. 만약 임차인이 어디에 있는지 알 수 없어 소장부본이 제대로 송달되지 않을 때에는 법원에 공시송달신청을 하자! 법원이 공시송달결정을 하면 임차인에게 직접 송달되지 않아도 재판이 진행될 수 있다. 이처럼 공시송달을 이용하면 사라진 임차인이 있어도 계약해지 후 명도를 할 수 있다.

36 감정평가 높게 나오는 지분은 뭐?

토지와 건물에 대한 작은 감정평가금액 차이로 입주평형 배정, 추가부담금 등에서 희비가 엇갈린다. 따라서 지분 구입 시 가급적 평가액이 높게 책정될 물건을 구입하는 것이 좋다. 그렇다면 감정평가액이 높게 나오는 지분은 어떤 것일까?

● 먼저 차량 진입이 가능한 도로변에 위치하고 용적률 확보가 쉬운 정방형이나 장방형의 토지, 저지대에 위치한 땅 등을 고르는 것이 좋다.

● 또 공시지가가 높고 건물노후도가 오래 되지 않은 것이 감정평가 후 높은 금액을 받을 수 있다. 전용 주거지역, 일반주거지역, 준주거지역, 상업지역 등 지정된 용도지역이 무엇이냐에 따라 차이가 날 수도 있다.

> 서울 가재울뉴타운 내 A아파트와 B빌라를 두고 어느 것을 사둘지 고민하던 나몰라
> 씨. 둘 다 시세가 비슷해 고민을 거듭하던 몰라씨는 결국 A아파트를 선택했고 그 선택
> 에 만족해했다. 2억 원에 매수한 전용면적 51㎡의 거래가가 2억 7,000만 원까지 치솟
> 으며 높은 몸값을 자랑했던 것. 그러나 다음해 A아파트 감정평가액이 1억 4,000만 원
> 으로 정해지면서 상황이 뒤바뀌었다. 집값이 5,000만 원 정도까지 하락했고 시세보다
> 현저히 낮은 평가액으로 인해 추가부담금이 3억 원 정도로 대폭 늘어난 것. 이를 부담
> 할 여력이 안돼는 나몰라 씨는 결국 손해를 보고 파는 상황에까지 이르렀다. 반면 상
> 업지역인데다 도로변에 접해 있던 B빌라는 A아파트보다 훨씬 높은 감정평가액으로
> 승승장구했고 나몰라 씨는 이를 씁쓸한 마음으로 지켜보는 수밖에 없었다.

재개발 · 재건축 사업에서 조합원들이 가장 중요하게 생각하고 있는 것 중 하
나가 본인 집에 대한 감정평가액이다. 대부분의 조합원들은 본인 지분에 대한
감정평가액을 나름대로 계산한다. '이웃집의 대박씨네가 얼마에 매매했으니
비슷한 우리 집도 그 정도에 맞춰 나오겠지', '내가 투자한 집이 이 정도 평가
액이 나온다고 중개업자가 얘기해줬으니 맞겠지' 등등. 또 예상한 평가금에
따라 평형 배정, 추가부담금 등의 가이드라인도 잡아둔다.

그러나 막상 감정평가액이 산정된 후에는 기대치와 다르게 낮게 책정된 가격
에 실망하고 이에 불복하는 조합원들도 부지기수로 생겨난다. **중요한 것은 동
일한 평수, 동일한 가격으로 지분을 구입했더라도 위치와 주택의 상태 등에 따
라 감정평가액이 달라진다는 점이다.** 따라서 재개발 · 재건축 지분 구입을 앞
둔 경우 용도지역은 무엇인지, 2종인지, 3종인지, 도로가 접해 있는지, 또 그
도로는 2차선인지 8차선인지 등을 세밀하게 챙겨볼 필요가 있다.

내가 소유한 토지, 분양자격 나올까?

재건축과 달리 재개발에서는 토지만 소유한 경우도 조합원이 될 수 있다. 그러나 모든 토지 소유자에게 분양자격이 나오는 것은 아니다. **서울시에서는 소유하고 있는 토지 면적이 90㎡ 이상일 경우에만 분양대상자로 인정한다.**

'서울시도시및주거환경정비조례'에 따르면 '분양신청자가 소유하고 있는 종전 토지의 총면적이 90㎡ 이상인 자'(2010년 7월 15일 개정)로 명시돼 있다. 또 1주택 또는 1필지의 토지를 여러 사람이 소유하고 있는 경우에는 권리산정기준일 이전부터 공유로 소유한 지분면적이 90㎡ 이상인 자에 한해 분양대상자로 인정한다.

'서울시도시및주거환경정비조례'(제27조 참조)에서 분양자격을 살펴보면 '아, 그럼 토지면적 90㎡ 이상만 찾아보면 되겠구나' 라는 생각을 할 수도 있다. 그러나 실제 현장에서는 생각처럼 간단하게 '이거면 무조건 분양권 주어짐' 이라는 조건이 없다. 따라서 항상 주의를 기울여야 한다. 다음의 사례를 보자.

투자의 귀재라 불리는 나아차 씨는 급매물로 아파트를 한 채 마련한 뒤 또 다른 투자처를 물색하다 다소 싸게 나온 매물을 발견했다. 재개발 예정구역 내 토지로 미래가치가 유망하다고 판단, 다른 투자자 2명과 함께 270㎡를 90㎡씩 나눠 3명이 공유지분으로 보유했다. 2003년 12월 30일 이전 공유지분으로 등기해(2010년 7월 15일부터는 권리산정기준일 이전으로 개정됨) 큰 문제가 없다 판단했고 조합에 문의해본 결과 조합원으로도 확인돼 마음을 놓고 있었는데….

문제는 2009년 7월 재개발 구역지정이 된 후였다. 나아차 씨가 구입한 토지 일부가 재개발 구역에서 벗어나버렸기 때문. 재개발 구역에서 벗어난 면적을 제외하면 실질적으로 나아차 씨가 재개발 지역 내 갖고 있는 토지면적이 90㎡가 안 된다. 게다가 나 씨는 유주택자이기 때문에 분양대상에서 제외돼버린 것이다. 일부가 재개발구역에서 제외되더라도 등기부등본상 토지면적이 90㎡로 나오기 때문에 조합 측에 문의하면 조합원으로는 확인해준다. 그러나 책임소재가 있을 수 있어 분양권이 나온다, 현금청산 된다 등의 말을 해주지는 않는다. 또 이런 문제는 구역지정이 난 지역에서도 발생할 수 있으므로 주의해야 한다.

➕ 플러스TIPS

조례 개정사항에 유의하자!

'서울시도시및주거환경정비조례' 가 개정되기 이전에는 토지 면적이 30㎡ 이상 90㎡ 미만일 경우에도 분양받을 수 있는 경우가 있었다. 2003년 12월 30일 전에 분할된 1필지의 토지로 사업시행인가고시일 이후부터 공사완료 고시일까지 분양신청자를 포함한 세대원 전원이 주택을 소유하고 있지 않은 경우(단 지목이 도로이고 현황도 도로인 토지는 제외). 그러나 2010년 7월 15일 법이 개정되면서 이 같은 단서 조항이 삭제돼 이 날 이후 사업이 추진되는 구역은 토지면적이 30㎡ 이상 90㎡ 미만일 경우 분양자격이 없음을 주의해야 한다.

같은 구역 재개발 지분, 1+1+1…=1

Before

각각 분양권 나오겠지?

분양권!

父 母 子

한남뉴타운 1구역에 투자를 감행한 정개발 씨. 본인을 비롯해 아내와 아들 명의로도 같은 구역에 하나씩 지분을 사두었다. 그런데 재개발 전문가에게 상담을 받은 결과 아파트가 한 채만 나온다는 청천벽력 같은 소리에 망연자실하고 말았다.

하나의 재개발 구역에서는 가족 구성원이 각자의 명의로 지분을 가지고 있더라도 모두 합산되어 한 채의 아파트만 배정받기 때문이다.

After

이게 아닌데…

父母子

APT 101

'도시및주거환경정비법' 제19조에 명시된 조합원의 자격 중 제1항 제2호에 따르면, '수인의 토지 등 소유자가 1세대에 속하는 때에는 그 수인을 대표하는 1인을 조합원으로 본다'고 나와 있다. 즉 1세대를 이루는 가족은 하나의 분양자격만 인정된다는 소리다.

단, 가족 구성원이라고 해도 각각 분양자격을 얻을 수 있는 경우가 있기는 하다. 20세 이상 자녀가 '관리처분계획기준일' 이전에 세대 분리를 했을 때다. 여기서 관리처분계획기준일이란 분양 신청기간이 만료되는 날로서 분양신청에 대해 통지된 날부터 60일 이내(20일 범위에서 연장 가능)다.

반면 부부는 세대 분리를 하더라도 1세대로 간주한다. 예를 들어 세대주인 A씨가 직장 문제 때문에 성동구에 살고, 배우자인 B씨와 이들의 자녀C는 학교 문제로 세대를 분리해 마포구에 살고 있다면 A, B, C에게 분양자격이 나오는 것이 아니라 A, B, C 모두 1세대로 간주해 분양자격도 하나만 나오게 된다.

물론 이혼했을 경우에는 남편과 배우자에게 각각 분양자격이 나오는데 이를 위해 가정을 나누는 일은 없어야 하지 않을까?

➕ 플러스TIPS

여기서 말하는 가족이란?
주민등록표 상에 기재된 배우자 및 세대를 같이 하는 세대원을 말한다. 또한 동일한 세대별 주민등록표 상에 등재돼 있지 않은 배우자 및 미혼인 20세 미만의 직계비속도 가족으로 본다.

재개발·재건축 입주권, 주택이야 아니야?

재개발·재건축 사업이 진행되면 공사기간 동안 주택이 사라지게 된다. 기존 주택이 사라지고 신축주택이 들어서기 전까지의 기간, 이때 입주권이라는 개념이 등장하는데... 그렇다면 '입주권' 은 주택일까, 아닐까? 주택으로 보는지 여부에 따라 향후 양도소득세, 취득세 등 과세의 판정에 영향을 주기 때문에 입주권 매매를 앞둔 사람이라면 꼭 따져봐야 한다.

입주권을 주택으로 보는 기준은 2006년 1월 1일이다. 2006년 1월 1일 이후 취득하거나 관리처분계획인가를 받은 입주권은 주택으로 간주되며 2005년 12월 31일 이전에 관리처분인가를 받았다면 주택 수에 포함되지 않는다.

현재 시중에 나와 있는 입주권은 대부분 2013년 이후 관리처분계획인가를 받았다. 따라서 입주권 투자를 염두에 두고 있다면 양도소득세가 과세될 수 있다는 점에 주의해야 하고 양도 시 2년 이상 보유 요건을 갖춘 1가구 1주택자는 비과세를 적용받을 수 있다.

양도소득세 비과세 예시

❶ A주택을 보유하고 있던 소유자가 해당 주택이 재건축됨에 따라 사업시행인가일 이후 거주할 B주택을 취득했다면?

B주택 비과세 혜택!

B주택을 재건축주택 완공 전 또는 완공 후 2년 이내 양도하면 된다. 단 B주택에서 1년 이상 거주하고 재건축주택 완공 후 2년 이내 세대원 전원이 완공된 A주택으로 이사하여 1년 이상 살아야 한다.

❷ 이미 C주택을 보유한 소유자가 재개발·재건축 입주권을 취득했을 경우?

C주택 비과세 혜택!

입주권을 취득한 날부터 3년 이내 기존 C주택을 양도하면 된다.

➕ 플러스TIPS

재개발·재건축 입주권으로 보는 시기

현행 재개발·재건축 주택을 입주권으로 보는 시기는 사업단계 중 '관리처분계획인가일~완공 전날'까지다. 단 재건축 사업의 경우 2005년 5월 30일 이전 사업계획승인을 받은 재건축 지분은 관리처분계획이 아닌 사업계획승인일부터 입주권으로 본다.

전셋집, 이런  노려라!

입주물량 많은 지역을 노려라!

입주물량이 많은 곳은 입주단지뿐만 아니라 입주 여파로 인해 주변 단지까지 영향을 미쳐 전세가가 떨어질 수 있다. 택지개발지구나 신도시개발이 이뤄지면 입주가 거의 비슷한 시점에 이뤄지는 것이 일반적이다. 이런 지역을 노려라

입주 2년차 단지를 노려라!

통상 전세 계약기간 2년인 것을 고려한다면 2년이 지난 후에는 다시 전세 계약할 수 있는 물량이 나올 수 있기 때문이다.

재개발 · 재건축 예정 지역을 노려라!

'이런 데는 곧 이주를 할 텐데 왜 이런 곳에?'라고 생각할 수 있지만 개발이 그렇게 빨리 이뤄지지 않는다는 것을 염두에 두자. 재개발, 재건축이 예정돼 있어 단지 내 상황이 어수선할 수 있지만 전세가가 싸다는 장점이 있다.

입주물량이 많으면 구할 수 있는 전셋집이 많다는 얘기다. 특히 처음 입주를 시작하는 신도시나 택지지구를 선택하면 더 빠를 수 있다. 물량이 집중되다보니 선택의 폭을 넓힐 수 있고 가격도 쌀 수밖에 없다.

다만, 전세입자 입장에서는 입주단지보다는 주변단지를 선택하는 것이 더 좋다. 입주단지야 새아파트라서 좋지만 2014년 상반기 마곡지구 일대 입주물량이 집중되면서 급락했던 전세가가 다시 이전 전세가 이상으로 상승했던 전례로 보아 입주 후 재계약 시점에 큰 폭으로 오른 전세가 인상 여부를 놓고 고민이 커질 수 있기 때문이다.

입주 2년차 역시 마찬가지, 2년씩 전세를 계약한다고 할 때 재계약을 하지 않는 이상 신규 물량이 나올 수밖에 없는 시기다. 신규 입주하는 택지지구나 신도시 입주2년차 단지들은 전세물량이 풍부해 새아파트를 저렴하게 얻을 수 있다는 장점이 있다. 그러나 입주 2년차 전세물량이 많이 나오는 단지는 계약시점보다 전세가 많이 올랐을 수 있다는 점에는 유의하자.

마지막으로 재건축·재개발 지역은 다소 의아해 할 수 있지만 의외로 이런 곳에 좋은 전셋집을 구할 수 있다. 특히 재개발의 경우 구역 전체의 노후도는 떨어지지만 중간 중간 새로 지은 빌라가 있을 수 있다. 또 재개발이 이뤄진다고 해도 당장 2년 내 이주가 이뤄지기는 어렵기 때문에 살다가 철거되는 일도 없다.

재건축은 집이 낡은 것은 아쉬운 점이지만 재건축단지들이 어디에 위치해 있는가? 바로 강남권이다. 강남권 요지에 있다는 것이 얼마나 큰 경쟁력인가. 적은 돈으로 입지가 우수한 강남권에 진입할 수 있는 유일한 방법일 수 있다.

신규단지 입주가 많은 경우 아파트 전세가는 당연히 하락한다. 일시적으로 물량이 늘어나기 때문이다. 수요와 공급의 법칙 때문이라고 할 수 있다.

다만, 빌라 전세를 구하는 세입자는 입장이 사뭇 다르다는 것에 유의할 필요가 있다. 빌라 전세가는 아파트 입주물량이 많다고 해서 하락하는 것은 아니라는 점이다. 빌라와 아파트 전세입자의 전세집을 구하는 자금대가 다르기 때문이다. 따라서 빌라 세입자는 일반 분양아파트 입주물량이 많은 곳보다는 차라리 임대아파트 입주물량이나 장기전세주택 입주물량이 많은 곳을 노리는 것이 더 낫다.

당신이 투자 실수를 반복하는 이유

요즘 50대 초반 나개미씨는 고민에 빠졌습니다. 고민은 이겁니다.

"주택시장이 7년간의 장기 침체를 겪고 2013년 하반기부터 살아나는 것 같더니···. 지난 3월부터 집값은 약보합세로 돌아서 강남권 재건축단지들은 하락하기도 했다. 2006년 구입한 아파트값이 이제 겨우 구입가 수준으로 회복했는데 2007년처럼 다시 하락하지 않을까? 아니 설마 폭락하는 거 아냐? 아들놈도 고3이니 내년에 대학에 들어가면 등록금 등 돈 쓸 일도 많을 텐데 계속 주택을 보유할 여유가 없다. 집값이 더 떨어질지 모르니 지금이라도 주택을 팔아 안전하게 믿을 수 있는 은행에 예금하는 게 낫지 않을까?"

결국 나개미씨는 지난 주말 연초보다 호가를 2천만 원 낮춘 가격으로 주택을 매도했습니다. 그렇다면 나개미씨는 행동경제학적 측면에서 볼 때 투자 결정에서 어떤 실수를 했을까요?

나개미씨가 투자행동에서 저지른 첫 번째 실수는 바로 가용성 편향(Availability Bias)입니다. 투자 결정을 할 때 논리적 추론보다는 통계적 추론에 의존하는 것입니다. 즉 자신이 최근에 경험했던 사건(기억)에 의존해 투자 결정을 내리는 것입니다.

지난 2006년 집값이 꼭지일 때 주택을 구입해 7년 이상 고생하며 보유하고 있었는데 다시 집값이 하락할 가능성(리스크)을 과장해서 생각한 것입니다. 지난 7년 동안의 주택시장 장기침체는 상당히 이례적인 것입니다. 이런 이례적인 현상이 반복적으로 일어나기는 힘들지요. 따라서 2007년처럼 집값이 다시 하락할 가능성을 근거로 투자 결정(매도타이밍)을 내린 것은 잘못입니다.

두 번째 실수는 손실 회피(Loss Aversion)입니다. 사람들은 같은 양일 경우 이익보다 손실을 더 싫어하지요. 쉽게 말해 1억 원을 잃은 투자 손실의 충격은 1억 원을 번 투자 수익보다 정서적으로 2배 더 크다는 것입니다. 나개미씨는 일단 손해를 피하고 보자는 심정으로 최근 거래가를 기준으로 빨리 팔고 싶은 마음에 호가를 2천만 원 낮춰 주택을 팔았습니다. 문제는 손실 회피를 기준으로 투자 결정을 내리면 더 큰 손실을 입을 수 있다는 것입니다. 집값이 비수기를 맞아 일시적으로 소강상태임에도 손실을 보지 않기 위해 팔았지만 6월 이후 성수기를 맞아 집값이 상승세를 탄다면 더 큰 손실을 입게 되지요.

세 번째 실수는 확률 무시(Neglect of Probabolity)입니다. 가능성(확률)에 대해 구체적으로 분석하지 않고 최선 또는 최악의 시나리오에 따라 투자를 결정하는 경우입니다. 나개미씨는 최악의 시나리오(집값이 다시 2007년처럼 하락할지 모른다)의 가능성을 분석하기도 전에 최악의 시나리오 자체에 초점을 맞춰 주택 매도를 결정했습니다. 나개미씨는 또 처분효과(Disposition Effect)에 취약했습니다. 금전적으로 손실을 본 주택을 너무 오래 보유하고 있었습니다. 손실 회피에 따라 손절매를 하지 못한 것이죠. 또 손절매를 하지 못하고 오래 보유했지만 지금은 집값이 회복세로 돌아섰는데 너무 일찍 팔았습니다.

즉 하락하는 주택을 너무 오래 보유했고 이제 상승하려고 하는데 너무 일찍 매도했습니다.

워런 버핏은 투자 실수에 대해 이렇게 말했습니다.

"자신 또는 다른 사람의 실수를 통해 교훈을 얻을 수 있어야 한다. 투자 결정을 내릴 때 실수를 저지를 것을 미리 걱정할 필요는 없다. 중요한 것은 실수를 통해 뭔가 교훈을 얻어, 같은 실수를 반복하지 않는 데 있다."

마지막으로 집값이 하락할까봐 불안해하는 부자노트 독자님들에게 도움이 되는 피터 린치의 스토리를 다시 한 번 전합니다. 피터 린치는 1987년 10월 19일 아일랜드 휴가 중에 미국 주가가 폭락했다는 소식을 접합니다. 그리고 자신이 운용하던 펀드에서 주식을 매도합니다. 하지만 얼마 후 주가는 다시 반등을 합니다. 그는 1987년 10월의 교훈을 자신의 책(One Up on Wall Street)에서 이렇게 말합니다. "주식시장이 폭락할 때 절대로 팔지 마라. 그리고 그 다음날도 팔지 마라."

200자 촌철살부

당신에게 내일이 없다면

내일이 없다고 하면 현재를 희생해야 할 아무런 이유도 목적도 없다. 지금 바로 이 순간을 충실하게 사는 것만이 내 인생을 가장 풍요롭게 사는 길이다. 굳이 돈을 모아야 할 이유도 없고 남의 눈치를 봐야 할 이유도 없고 감정을 속일 필요도 없다. 내일이 없다고 생각하는 것만으로도 진정한 나와 만나게 될지 모른다.

재건축 사업, 반대하면 어떻게 되나요?

재건축 사업이 진행 중인 경우 주택 등 소유자와의 협의를 통해 사업을 진행하는 것이 가장 좋으나 추가부담금 등이 부담돼 반대하는 사람들로 이 과정이 순조롭지 않을 수도 있다. 이럴 경우 사업이 한없이 늦춰질 수밖에 없기 때문에 재건축사업을 진행하려는 사람들은 조합설립에 동의하지 않는 자에 대해 일정한 절차를 거쳐 토지 및 건축물 소유권을 매도할 것을 청구하게 되며 이를 매도청구권이라 한다.

보통 조합이 매도청구소송을 하게 되며 승소하면 상대방의 승낙 없이도 시가에 의한 매매계약이 성립되어 재건축 사업을 진행할 수 있다.

매도청구소송 원고는?

사업시행자인 조합이다. 또 조합원 과반수의 동의를 얻어 공동사업시행자의 지위를 취득한 '시장, 군수, 주택공사 등'도 매도청구권자가 될 수 있다.

매도청구소송 피고는?

조합설립 미동의자. 재건축조합 설립에 동의하였다가 설립인가 전에 이를 철회해도 미동의자로 간주한다.

매도청구권 행사과정은?

재건축조합설립 결의 후 먼저 미동의자에 대한 최고절차를 거친다. 이는 미동의자에 대해 매도청구권을 행사하기 전 다시 한번 의사를 확인해 보다 많은 동의자를 확보하기 위한 것이다. 이때 최고는 반드시 서면으로 해야 하며 미동의자는 최고 수령일로부터 2개월 기간 이내 회답을 해야 한다. 최고기간 만료일부터 2개월 이내 매도청구가 가능해진다.

이런 땅은 조심!

1. **현금 급하다며 급매물이라고 내놓는 땅** : 정말 급매물인지 주변 시세를 확인할 것. 땅 값을 깎아주는 데에는 다 이유가 있다.
2. **옆 땅에 이미 개발 허가가 나 있는 땅** : 연접개발제한으로 내 땅은 개발허가가 안 날 수 있다.
3. **하천계곡 등 물에서 500미터 이내의 땅** : 집중호우 때 유실 가능성이 있다.
4. **인구가 매년 줄어드는 지역의 땅** : 사람이 몰려야 개발되고 성장한다.
5. **경사도가 가파른 땅** : 30도 이상 가파른 땅은 개발비용이 많이 들고 허가 나기도 쉽지 않다.
6. **주변에 혐오시설, 위험시설 등이 있는 땅** : 땅 자체가 좋더라도 주변의 소음, 악취 등으로 팔기 어렵다.
7. **여름과 겨울이 다른 땅** : 봄, 여름, 가을 수려한 나무들로 멋진 풍광에 땅도 좋은 줄 알았더니 겨울 나뭇잎이 떨어지자 진짜 모양이 보인다.
8. **나무가 울창하거나 과일나무 등이 심어진 땅** : 산지 소유자와 수목 소유자가 다른 경우도 있으므로 확인해야 한다.
9. **정부 정책과 빗겨난 땅** : 땅값은 개발을 따라가고 개발은 정책을 따라간다. 정책발표, 도시개발계획 등을 눈여겨보라.
10. **현장조사 안 한 땅** : 가장 중요한 사항이다. 땅 투자는 발품이 우선이다.

토지투자 실패사례 1

서울에 살고 있는 A씨는 '자고로 땅이란 사두면 무조건 오른다!' 는 생각에 관리하기 편한 수도권 변두리 땅을 알아보다 시세보다 저렴하게 나온 땅을 찾아냈고 바로 현장으로 달려갔다. 땅 모양도 나쁘지 않을 뿐더러 컨테이너, 지하수도 시설 등도 돼 있었다. 바로 계약에 나선 것은 말할 것도 없다.

땅을 산 A씨는 주말마다 현장에 나가 돌을 골라내는 등 작업을 했고 주변 농사짓는 사람들과도 어울리며 꽤 친해지기에 이른다. 문제는 이때부터였다. 현지 사람들과 친해지면서 서서히 토지 이력이 나타나기 시작했는데 알고 보니 과거 해당 토지는 폐타이어 공장이었다는 것이다. 부랴부랴 폐기물 처리 업체에 의뢰해 확인한 결과, 땅 속까지 오염됐다는 결론만 얻고 말았다. A씨는 그제야 싼 땅이 다 이유가 있음을 알았으나 이미 뒤늦은 후회였다.

토지투자 실패사례 2

토지투자를 염두에 두던 B씨는 현지 중개업자에게 괜찮은 땅 소개를 부탁했다. 중개업자는 가격대별로 3곳의 땅을 보여줬고 그 중 한 곳이 마음에 든 B씨는 보고 간 사람이 많아 언제 팔릴지 모른다는 중개업자의 말에 마음이 급해져 바로 계약을 체결했다. 그러나 이것이 화근이었다. 햇살 잘 드는 봄 날 방문했던 땅은 보송보송하게 보였고 주변의 녹지는 푸르렀다. 그러나 여름이 오고 장마철이 지난 뒤 다시 땅을 찾은 B씨는 경악을 금치 못했다. 땅은 질척질척해져 걷기조차 힘들 정도였고 주변에는 축사가 있는지 역겨운 냄새와 함께 파리 등 각종 벌레로 몸살을 앓아야 했기 때문이다. **땅을 사기 위해서는 계절별로, 시간별로, 여러 번 현장을 검증해야 했음을** 간과한 결과였다.

우리 집은 개발이 안 된다고?

재정비촉진지구 안에서 노후도나 밀집도 등이 양호해
아직 개발할 필요가 없다고 판단되는 곳이 있다면 그 지역은
존치지역으로 지정된다.

존치정비구역 vs 존치관리구역

● **존치정비구역**은 촉진지구 지정요건에 해당하지 않으나 시간의 경과 등 여건 변화에 따라
촉진사업 요건을 충족시킬 수 있는 지역이다. 따라서 현재는 개발이 어렵지만 향후 개발될
가능성이 있어 불행 중 다행인 곳이라 하겠다.

● **존치관리구역**은 현재 상태가 양호해 거의 개발될 가능성이 없는 곳이다.

몇 년 전 경험을 생각하면 무지식씨는 치가 떨린다.

2차뉴타운 중 하나인 가재울뉴타운 내 투자처를 물색하다 중개업자의 말에 솔 깃해 30여 년이 지난 주택을 덜컥 사버렸던 것. 이미 뉴타운으로 지정돼 있어 낡으면 그저 다 재개발이 되는 줄 알았던 것이 화근이었다. 그러나 개발사업 으로 바쁜 주변 단지들과 달리 무지식씨가 매입한 주택은 조용하기만 했다. 이상하다 싶어 해당 구청에 전화로 문의해보니 '뉴타운 계획 수립 시 사회복 지관 자리와 신축 아파트 부분을 존치지역으로 지정하면서 도시 정형화 차원 에서 무씨가 매입한 주택까지 한 구역으로 묶었다'는 얘기만 수화기 너머로 들 려왔다.

존치지역? 그제야 무지식씨는 자신의 짧은 지식에 땅을 쳤지만 이미 엎질러진 물이었다. 자체적으로 재건축 등을 추진할 수 있다고는 하나 그게 어디 쉬운 일인가! 결국 큰 손해를 보고서야 해당 매물을 겨우 팔 수 있었다.

세입자라면, 장기수선충당금 받아 가세요~

2년간의 전세계약 기간이 끝나고 이사를 나가게 된 A씨. 어느 날 이사준비를 하는 A씨에게 한 지인이 '장기수선충당금'을 받았는지 물어보았다.

"장기수선충당금이라뇨?"

지인의 질문에 A씨는 금시초문이라는 얼굴. 이에 지인은 그동안 납부했던 장기수선충당금은 집주인 부담이 원칙이니 한번 확인해보라는 말을 남겼다.

A씨가 부랴부랴 관리실에 들러 그동안 부과된 장기수선충당금을 산출해보니 2년 동안 약 30만 원이나 됨을 알게 됐다. 이삿날 집주인에게 해당 분만큼의 금액을 받았음은 물론 A씨는 공돈이 생긴 듯한 느낌에 기분 좋게 이사를 마쳤다.

126

공동주택 등이 낡으면 시설 보수나 교체를 하기 위해 소유자로부터 적립금을 징수하는데, 이를 장기수선충당금이라고 한다.

아파트마다 3.3㎡당 100~500원 사이에서 아파트관리규약으로 요율을 정하고 있으며 관리비 내역서를 보면 그 금액이 명시돼 있다.

보통 아파트 관리비고지서에 포함돼 부과하게 되므로 집주인이 세를 들이는 경우 세입자들이 이를 납부하게 된다.
그러나 사실상 장기수선충당금은 집주인 부담하는 것이 원칙이다. 주택법 제51조에 따르면 '관리 주체는 장기수선충당금을 해당 주택의 소유자로부터 징수하여 적립하여야 한다'고 명시돼 있기 때문.

즉 계약기간 만료로 이사를 하게 되는 세입자는 집주인에게 그동안 납부했던 충당금에 대한 환급을 요구할 수 있다.

세입자 日,
재개발되지만 괜찮아!

2007년 4월 12일 이전에는 재개발구역 무주택 세입자에게 임대주택 입주권과 주거이전비 중 한 가지 보상만 주어졌다. '공익사업을 위한 토지 등의 취득 및 보상에 관한 법률(이하 공토법)'에 따르면 '주거이전비를 보상해야 하나 다른 법령에 의해 주택입주권을 받았거나 무허가건축물 등에 입주한 세입자에 대하여는 그러지 아니한다'는 규정이 있었기 때문.

그러나 2007년 4월 12일 국토해양부가 공토법을 개정, 주택입주권에 대한 내용을 삭제함으로써 주거이전비와 임대주택 입주권을 모두 보상받을 수 있게 됐다(유주택자는 주거이전비만 가능).

혜택을 받기 위해서는 최초 정비구역지정공람공고일 3개월 전부터 이주하는 날까지 정비구역에 거주해야 한다(단 2009년 12월 1일, 주거이전비 보상에 관해서는 '공람공고일 현재 해당 정비구역에 거주하고 있는 세입자'로 도시 및 주거환경 정비법 시행규칙이 개정됐다).

그러나 앞에서 살펴본 부분은 법 개정이 이뤄졌어도 이에 대한 해석이 서로 달라 다툼이 많은 부분이기도 하다. 구체적인 사례를 함께 살펴보자.

사례 1

성동구 왕십리 뉴타운은 1~3구역으로 나뉘어 사업이 시작됐다. 그중 2구역이 2006년 6월 가장 먼저 사업시행인가가 났고 열 달 뒤인 2007년 4월, 세입자들에게 임대주택과 주거이전비를 모두 받을 수 있도록 공토법 시행규칙이 개정됐다.

이에 2구역 세입자들은 공토법에 따라 두 가지 모두 지급받아야 한다고 주장하고 있다. 개정규정은 규칙 시행 후 보상계획을 일간신문에 공고하고 토지소유자 및 관계인에게 통지하는 날부터 적용한다고 돼 있기 때문이다. 2구역 보상계획은 2007년 12월 21일 일간지에 공고됐다.

반면 해당 구는 사업시행인가 시점을 기준으로 개정법이 적용된다고 주장, 둘 중 하나만 택하도록 해 세입자와 조합원 간 법정다툼이 있었고 법원은 조합의 손을 들어줬다. 이에 왕십리2구역 세입자들은 법원의 판결에 불복하여 항소했다.

사례 2

동대문구 전농7구역 내 세입자들은 공토법 개정 적용 이후인 2007년 6월 29일 사업시행인가가 났기 때문에 임대주택과 주거이전비 둘 다 보상받을 수 있다고 주장했다. 그러나 조합은 2006년 주거이전비와 임대주택 중 택일하라는 보상계획 관련 통지서를 보냈고, 임대주택 공급신청을 받아 입주권을 부여했으므로 절대 지급할 수 없다는 입장이었다. 이에 세입자들은 재개발 조합을 상대로 주거이전비를 지급하라는 소를 제기했고 법원은 전농7구역 세입자들의 손을 들어줬다.

46 분양 틈새시장, 특별공급을 노려라!

특별공급은 사회적 약자를 보호하기 위해 도입된 제도로 전체 공급 가구 수의 일정 비율을 일반분양에 앞서 먼저 공급하는 것이다. 대표적으로 신혼부부, 3자녀, 생애최초 등이 있으며 각 특별공급은 해당 조건을 모두 만족시켜야 청약이 가능하기 때문에 일반분양보다 경쟁률이 낮은 이점이 있다.

① 신혼부부:
- 입주자모집공고일 현재 혼인기간이 5년 이내이고 그 기간에 출산(입양 및 임신 중인 경우 포함)하여 자녀가 있는 무주택 세대주
- 월평균 소득이 전년도 도시근로자 월평균소득의 100%(맞벌이일 경우 120%) 이하
- 청약통장 6개월이 경과됐고 월납입금을 6회 이상 납입한 가입자

② 생애최초:
- 청약저축 1순위 무주택 세대주로 저축액 600만 원 이상
- 근로자·자영업자로 5년 이상 소득세를 납부한 사실이 있는 기혼자(또는 동일 주민등록표상 등재돼 있는 미혼자녀가 있는 자)
- 전년도 도시근로자 월평균소득의 100% 이하
- 주택구입 사실이 없는 자(세대원 모두 과거 주택소유 사실이 없을 것)

③ 3자녀:
- 입주자모집공고일 현재 민법상 미성년자(만 20세 미만)인 3명 이상의 자녀를 둔 무주택 세대주
- 청약통장 6개월 이상 납입자, 단 민영주택은 지역예치 최소 금액 이상 납입해야 함
- 경쟁이 있는 경우 자녀 수, 세대 구성, 무주택기간, 당해 시·도 거주기간 등 배점기준에 의한 점수순에 따라 대상자 선정

최근 이슈인 보금자리주택 사전예약 발표에 기분이 들뜬 깨소금 씨. 결혼한 지 2년 조금 넘어선 지금 귀여운 쌍둥이 남매가 태어나 하루 빨리 집을 마련해야겠다고 생각했는데 자금마련이 어려워 발을 동동 구르던 때라 보금자리 소식이 더욱 반갑기만 하다.

이런 깨소금 씨를 보고 친구인 나탈락 씨는 빈정대듯 말했다.

"너 청약저축 이제 3년차라고? 그래가지고 어디 강남권 문턱에나 넣어볼 수나 있겠냐? 나는 8년이나 넣었어~!"

그러나 사전예약 결과 발표일, 만세를 외친 사람은 깨소금 씨였다. 의기양양하던 나탈락 씨는 믿을 수 없다는 듯 당첨자결과를 살펴봤지만 본인 이름은 어디에서도 찾아볼 수 없었다.

강남권 보금자리 일반분양은 청약저축통장에 최소 10년 이상이어야 당첨권에 들 수 있지만 신혼부부 특별공급은 통장 가입기간이 중요한 것이 아니었다. 혼인기간 3년 이내면 1순위인데다 해당 주택건설 지역 거주자로 자녀 수가 많을수록 당첨 가능성이 높은 것.

게다가 만약 특별공급에서 떨어지더라도 일반분양에 한번 더 청약해볼 수 있으니 통장 가입기간이 오래된 사람이라면 더욱 당첨확률이 높다.

돈이 새고 있다면…
인테리어 점검하기!

같은 곳에 위치한 똑같은 구조의 아파트라 할지라도 풍수적으로 봤을 때 돈이 들어오는 집이 있고 나가는 집이 있다. 누구라도 돈이 들어오는 집이고 싶지 새는 집이 되기는 싫을 터.

금전운과 관련한 풍수인테리어의 가장 중요한 포인트는 얼마나 깨끗하게 해두었느냐, 즉 '청결' 이다. 일단 집안 곳곳을 정리해 깔끔한 분위기를 자아낼 때 금전운이 굴러들어오게 마련이라는데…. 혹시 여러분의 집은 금전운을 높이는 인테리어와 반대로 해놓고 있지 않은지 유심히 살펴보자!

👟 현관

- 현관 입구에 구둣주걱, 우산, 쓰레기, 오래된 책 등이 자리를 차지해 정신이 없다.
- 현관 바닥은 먼지, 신발 등이 쌓여 있어 지저분하다.
- 현관에 들어서자마자 정면에 큰 거울이 마주보이면 행운이 달아난다.

🍳 주방

- 가스레인지, 싱크대에 국물이 얼룩져 있고 주변에 지갑이나 현금을 두면 돈이 새나간다.
- 주방 가구의 문이 삐걱거리는 등 문제가 있거나 식칼을 아무렇게나 놓아둔다.
- 냉장고에 사진, 메모지 등을 너무 많이 붙여놓고 있어 어수선하다.

🛋 거실

- 조명이 어둡고 가구가 창을 가로막아 빛이 막혀 있는 등 거실에 빛이 적다.
- 가전제품 등이 고장난 채 방치돼 있거나 시든 화분이 놓여 있다.
- 거실 벽면에 짐승 박제나 액자, 기념품 등이 어지럽게 걸려 있다.

🛏 침실

- 침실 창가에 책, 작은 소도구 등 여러 가지 잡동사니를 쌓아두고 있다.
- 침실이 너무 밝거나 큰 방을 자녀에게 내주고 부부가 작은 방을 써도 좋지 않다.
- 두꺼운 소재, 화려한 무늬의 커튼을 쓰고 있는가? 금전운이 날로 줄어드니 바꾸자.

48 분양권과 입주권

명의변경 절차

재건축, 재개발 단계에서 관리처분계획인가 이후 주택은
조합원 입주권으로 바뀌게 된다.
조합은 관리처분계획인가 이후 남는 물량을 일반에게 분양하는데
이때 수분양자의 권리가 분양권이다.

분양권이나 입주권도 부동산과 마찬가지로 사고 팔 수 있는 권리다. 그런데 그 과정은 일반 부동산 매매와 약간 차이가 있다. 당사자간 매매계약 체결부터 잔금 납부까지는 동일한 수순을 밟지만 조합사무소와 시공사를 방문해 분양계약서 상의 명의변경 과정이 추가된다.

분양권 명의변경

- 거래 당사자간 분양권 매매계약서를 작성한다.
- 계약 체결일로부터 60일 이내에 한다. 분양계약서 및 매매계약서 원본을 지참하고 해당 물건 소재지 시, 군, 구청에 거래신고를 한다. 이때 분양계약서 원본에 검인을 받는다.
- 잔금을 마친 후 중도금 대출이 있는 경우에는 매도자와 매수자가 함께 해당 대출은행을 방문해 채무 인수 동의 신청, 즉 대출 승계를 한다.
- 매도자, 매수자는 시공사에 직접 방문해 분양계약서 명의변경 신청을 한다. 불가피하게 대리 신청할 경우에는 위임장 1부, 위임인의 인감증명서 1부, 위임인의 인감도장, 대리인의 신분증을 지참하고 방문해야 한다.

입주권 명의변경

분양권 명의변경 절차를 따르되, 계약 전 주의사항이 있다. 일반적으로 조합설립인가 이후 소유권 변경이 있을 때는 조합원 자격 승계가 되지 않는다. 따라서 매수 전 조합사무실에 전화해 조합원 자격의 유무를 확인한다.

- 계약과 검인까지는 분양권과 동일하다. 잔금 후 매도자가 인감증명서(매도용)와 등기권리증 등 등기 이전에 필요한 서류를 매수자에게 주면 토지 등기이전을 한다.
- 등기가 완료되면 매수자는 조합을 방문해 조합원 지위를 승계받는다.
- 매도자, 매수자는 이주비 및 중도금 대출 은행을 방문해 이주비와 대출을 승계한다.
- 매도자, 매수자는 시공사를 방문해 명의변경 신청을 한다.

악재장에서 이기는 투자원칙 5가지

이번 부자노트에서는 '가치투자의 대가' 워런 버핏이 2014년 3월 버크셔해
서웨이 주주들에게 보낸 연례 편지에서 공개한 '투자원칙 5가지'를 토대로
악재장에서 이기는 부동산 투자원칙 5가지를 만들어봤습니다.

투자원칙 1: 자신의 한계를 알고 단순하게 투자하라

여기서 자신의 한계란 투자에 성공하는 데 있어서 모든 분야에 전문가일 필
요는 없다는 의미입니다. 버핏은 거품이 붕괴되는 시기인 1986년에 농사에
대해 전혀 몰랐지만 네브래스카주 농장을 50% 이상 싼 가격에 매입했습니
다. 28년이 지난 현재 농장 가격은 5배 이상 뛰었습니다. 물론 매년 발생하
는 농작물 판매수익도 3배 이상 늘어났고요.

부동산 투자 대상도 다양합니다. 아파트, 오피스텔, 다세대, 재건축, 재개
발, 상가, 사무실, 토지 등등으로 말이죠. 또 법원 경매를 통해 아파트만 집
중해서 투자하는 사람도 있습니다. 투자자라고 부동산 모든 분야에 정통할
수는 없습니다. 경제전문가가 될 필요도 없습니다. 자신에 맞는 투자 대상
을 선택하세요. 오로지 미래가치가 높은 물건에 투자하세요. 그게 바로 단
순하게 투자하는 방법입니다.

투자원칙2: 미래가치에 집중하라

미래가치를 계산하고 투자해야 합니다. 가치투자를 위해 머리가 좋을 필요도, 박식할 필요도 없습니다. 하지만 미래가치를 계산할 수 없다면 투자하지 말아야 합니다. 당신이 왜 투자하는지를 명확히 인지해야 합니다. 지금 투자를 고려하고 있는 부동산이 있다면 우선 미래가치를 계산해야 합니다. 물론 자신만의 방식으로 말이죠. 그리고 부동산에 투자하려는 이유를 누구에게나 이해하기 쉽게 설명해야 합니다. 쉽게 설명할 자신이 없다면 투자하지 마세요.

투자원칙3: 수익성에 투자하라

시세차익을 노리고 투자하는 것은 가치투자가 아닙니다. 버핏은 이를 투기라고 했습니다. 수익성을 보고 투자해야 합니다. 수익성이란 미래가치가 어느 시점에서 가격으로 전환되면서 자연스럽게 발생하는 것입니다. 비싼 가격에 되팔 것을 기대하는 행위는 투기이며 투기자의 기대수익일 뿐입니다. 예를 들어 아파트에 투자한다고 합시다. 지금 4억 원에 사서 1년 뒤 5억 원으로 오를 것으로 기대하고 투자하는 것은 투기이며 투자자가 바라는 기대수익일 뿐입니다. 반면 실제로 입주해서 산다고 생각하고 미래가치가 높은 아파트를 골라 3년 이상 보유하면서 수익이 날 때를 기다리는 것은 가치투자입니다.

투자원칙4: 장세에 휘둘리지 마라

장세에 휘둘리지 말라는 말입니다. 버핏은 주식 전광판만 보지 말고 장기적인 안목으로 투자하라고 말합니다. 부동산은 시간싸움입니다. 만약 당신이 미래가치가 높은 부동산에 투자했다면 시세에 일희일비(一喜一悲)하지 마세요. 그리고 3년 이상 장기보유하세요. 당신의 투자가 명백히 잘못하지 않는 한 수익이 날 때까지 인내심을 갖고 기다려야 합니다.

투자원칙5: 전문가 전망은 무시하라

버핏은 1986년 네브래스카 농장과 1993년 뉴욕대 인근 상가를 매입할 때 전문가 전망을 무시하는 이유에 대해 "그들이 뭐라고 떠들든 네브래스카 농장에서는 옥수수가 자라고 학생들은 뉴욕대로 몰려올 것이기 때문"이라고 말했습니다. 부동산 전망에, 주택시장 예측에 시간낭비를 할 필요가 없습니다. 예측에 집착할수록 정작 중요한 미래가치에 소홀할 수 있습니다.

다섯 가지 투자원칙을 정리하면 이렇습니다. "자신의 투자원칙에 따라 자신에게 맞는 부동산에 투자하라. 그리고 수익이 발생할 때까지 장세에 휘둘리지 말고 장기보유하라" 이를 버핏은 한마디로 "네브래스카 농장에 투자하듯 투자하라" "내 사업을 하듯 투자하라"고 했습니다.

쉽게 말해서 아파트에 투자한다면 들어가 산다고 생각하고 투자하시면 됩니다. 또 상가에 투자한다면 가게를 열어 장사를 한다고 생각하면 되고, 오피스텔에 투자한다면 월세로 들어간다고 생각하고 투자하시면 됩니다.

200자 촌철살부   **나는 단순함의 가치를 믿습니다**

아무리 현명한 사람이라도 하루 종일 신경 써야 하는 사소한 일들이 얼마나 많은가요. 또 우리가 무시해버리는 일들 중에는 알고 보니 중요했던 것들이 얼마나 많은가요. 수학자가 어려운 문제를 풀 때 우선 불필요한 것들을 없애고 문제를 최대한 단순하게 만들 듯이 삶의 문제에서도 마찬가지입니다. 문제들을 단순화시키고, 불필요한 것들로부터 꼭 필요한 것과 진정한 것들을 구분해 내야 합니다.

_H.D 소로의 '무엇을 위해 살 것인가'

리모델링 투자하려면 끝 라인을!

리모델링이란 지은 지 오래된 건축물을 대상으로 노후화 억제, 기능향상 등을 위해 대수선 또는 증축하는 것이다. 이러한 리모델링을 통해 노후 아파트가 새롭게 정비되면 면적 증가 등으로 아파트값이 오르고 시세차익을 얻을 수 있겠다고 판단, 리모델링 연한에 근접하거나 혹은 추진 중인 단지를 매입하는 투자자들이 있게 마련이다. 그러나 같은 단지, 같은 평수라고 리모델링 후 가치가 똑같이 형성되는 것은 아니다. 끝 라인의 경우 앞, 뒤뿐만 아니라 옆으로도 면적을 확대할 수 있어 정사각형 모양의 올바른 평면을 갖출 수 있으나 나머지 가운데 라인은 앞·뒤 공간만 활용할 수 있어 세로로 긴 기형적 평면을 갖게 된다. 그만큼 거주 만족도는 물론 향후 가치까지 벌어질 수 있다.

현재 국회 논의 중인 리모델링 법안이 통과되면 분당신도시 등 그동안 리모델링을 미루던 노후 단지들이 대거 리모델링에 나설 전망이다. 이와 맞물려 리모델링 사업에 따른 수익을 얻기 위해 유입되는 수요도 만만찮을 전망이다.

리모델링을 하고 난 뒤 어느 집에서 살고 싶은가? 또 향후 선호도는 똑같이 형성될까? 다음은 강남구 한 아파트의 리모델링 후 예정 설계평면도다.

〈중간 라인〉

〈끝 라인〉

예시에서와 같이 중간 라인은 앞·뒤로만 면적이 증가해 다소 기형적인 평면을 보이는 반면 끝 라인의 경우 보다 바른 평면이 만들어짐을 알 수 있다. 더군다나 3bay로 채광이 더욱 좋은 형태가 됐다. 이처럼 같은 아파트라 할지라도 끝 라인의 경우 더 높은 선호도를 형성하게 됨을 짐작할 수 있다.

국토교통부는 2013년 12월 '리모델링 기본계획 수립지침'을 통해 2014년 4월 25일부터 수직 증축이 가능하도록 리모델링 규제를 대폭 완화 했다(30 수직증축 리모델링 투자가이드 참조).

무허가건축물이라고 다 같은 것이 아니다!

큰 돈 들이지 않고 아파트를 얻을 수 있어 투자수단으로 손꼽히는 무허가건축물 투자. 그러나 모든 무허가건축물이 분양권을 받을 수 있는 건 아니다. '기존무허가건축물'로 판단돼야 새아파트의 분양 대상자가 된다. 서울의 경우 조례에서 정한 '기존무허가건축물' 요건은 다음과 같은데, 이 중 하나에 속하면 된다.

가. 1981년 12월 31일 현재 무허가건축물대장에 등재된 무허가건축물

나. 1981년 제2차 촬영한 항공사진에 나타나 있는 무허가건축물

다. 재산세 납부대장 등 공부상 1981년 12월 31일 이전에 건축하였다는 확증이 있는 무허가건축물

라. 1982년 4월 8일 이전에 사실상 건축된 연면적 85제곱미터 이하의 주거용 건축물로서 1982년 제1차 촬영한 항공사진에 나타나 있거나 재산세 납부대장 등 공부상 1982년 4월 8일 이전에 건축하였다는 확증이 있는 무허가건축물

마. '공익사업을 위한 토지 등의 취득 및 보상에 관한 법률 시행규칙(건설교통부령 344호)' 부칙 제5조에 따른 무허가건축물 중 조합정관에서 정한 건축물

그렇다면 다음과 같은 경우는 '기존무허가건축물'일까?

경기도 용인에 살며 서울로 출퇴근하던 K씨. 우연히 직장 동료로부터 무허가 건축물 투자에 관해 듣게 된다. 큰 돈 들이지 않고 내집마련 할 수 있다는 소리에 적당한 매물을 찾아 헤매던 중 서울 영등포구 소재 1982년 1월에 지은 연면적 110m2 무허가 건물과 관악구소재 1981년 11월에 지은 연면적 90m2의 무허가 건물을 발견했다. 직장과 한결 가까운 위치여서 K씨는 한달음에 각각의 매도자와 만나 매매를 검토했다. 그 결과 가능한 넓은 지분을 사는 것이 좋다고 판단, 2009년 1월 영등포구 매물을 매입했다. 매도자가 보여준 1982년 당시 항공사진까지 확인한 터라 망설임이 없었던 것.

재개발사업이 완료된 5년 후, 과연 K씨는 번듯한 새아파트를 분양받았을까?

결과는 '아니요'다. K씨는 연면적에 관한 규정이 다른 사실을 간과했다. 다만 조합정관에 명시되어 있다면 분양권을 받을 수도 있다.

＋ 플러스TIPS

지역마다 다른 무허가건축물 요건

'도시및주거환경정비조례'는 지역별로 다르며 경기 및 인천 '기존무허가건축물' 요건은 다음과 같다.

* 경기도는 '공익사업을 위한 토지 등의 취득 및 보상에 관한 법률'에 따른 보상 대상 무허가건축물(1989.1.24. 이전 건축된 무허가건축물)

* 인천은 '공익사업을 위한 토지 등의 취득 및 보상에 관한 법률 시행규칙' 부칙 제5조의 규정에 의한 무허가건축물, 부칙에는 1989년 1월 24일 당시 무허가건축물 등에 대하여는 이 규칙에서 정한 보상을 함에 있어 이를 적법한 건축물로 본다고 되어 있다.

  즉 경기도와 인천은 모두 1989년 1월 24일 이전 건축된 무허가건축물을 '기존무허가건축물'로 본다.

무상지분율이 뭐예요?!

무상지분율이란 재건축사업에서 시공사가 대지지분을 기준으로 어느 정도의 평형을 추가부담금 없이 조합원들에게 부여할 수 있는지 나타낸 비율이다. 같은 크기의 아파트일지라도 무상지분율에 따라 수익성이 크게 달라지니 간과해서는 안 된다. 무상지분율을 계산식은 아래와 같다.

총수입(총분양수입) − 총지출비용(공사비) = 개발이익(순이익)
개발이익 ÷ 3.3㎡당 분양가 = 개발이익 평수(전체 무상지분 면적)
(개발이익평수 ÷ 대지면적) x 100 = 무상지분율

예상조건
▶ 대지면적 : 33,000㎡   ▶ 건축연면적 : 66,000㎡   ▶ 용적률 : 200%
▶ 3.3㎡당 분양가 : 2,000만 원   ▶ 공사비 : 3.3㎡당 500만 원

	총수입		총지출		개발이익
1	33,000㎡x200%x2,000만 원=4,000억 원	−	66,000㎡x500만 원 =1,000억 원	=	4,000억 원−1,000억 원 =3,000억 원
2	개발이익 3,000억 원	÷	3.3㎡당 분양가 2,000만 원	=	개발이익 평수 49,500㎡
3	개발이익평수 49,500㎡	÷	대지면적 33,000㎡	x 100 =	무상지분율 150%

무상지분율을 알면 무상으로 배정받을 수 있는 평수, 추가부담금 등을 예측해 볼 수 있기 때문에 재건축아파트 투자를 염두하고 있다면 반드시 알아야 할 개념이다. 대지지분과 무상지분율을 곱하면 무상으로 배정받을 수 있는 평수가 나온다. 즉, '대지지분×무상지분율 = 무상평수'다.

예를 들어 대지지분이 같은 20평형이라고 하더라도 무상지분율이 150%라면 30평형(=20×150%)까지 추가부담금 없이 배정받을 수 있는 반면, 무상지분율이 200%일 경우에는 40평형(=20×200%)까지 배정받을 수 있다.

위와 같은 계산을 통해 대지지분 20평, 무상지분율 200%로 무상 배정 평수가 40평형이 나왔을 경우

❶ 30평형 배정을 희망한다면 10평에 해당되는 부분은 청산금으로 지급받을 수 있다는 것이고
❷ 45평형에 배정된다면 5평에 해당되는 부분만 추가부담하면 된다는 얘기다.

또한 위의 산식을 통해 무상지분율이 같은 경우라면 대지지분이 넓을수록 더 넓은 평형을 받을 수 있다는 사실도 알게 되었을 것이다.

주의! 이런 곳은 용적률 상한까지 높일 수 없어요

재개발·재건축에서 중요한 것 중 하나가 바로 용적률을 얼마나 받느냐이다. 법정 상한선 최대까지 올릴 수도 있지만 그와 반대로 상한선에 훨씬 못 미치는 용적률을 받기도 하는데….

어떤 지역에 용적률 제약이 가해질까?

구릉지(경사진 곳)	경관 보호 위해 층수 제한받는 자연경관지구, 고도지구 등으로 묶여 개발에 한계
불규칙한 대지	동간 거리, 일조권 확보 등이 어려워 건립규모에 제약이 가해짐
용도지구(미관지구 등)	용도지구 지정목적에 적합하도록 건축물의 용도·종류·규모 등이 제한됨
좁은 도로 옆	일조·채광·통풍·미관 등을 고려해 도로 폭을 기준으로 한 건축물 높이가 제한됨

강남구 재건축 아파트를 사기 위해 매물을 물색하던 K씨는 최종적으로 대치동 C아파트를 물망에 올렸다. 입지가 좋은데다 2종에서 3종 일반주거지역으로 종상향된 곳이어서 용적률을 최고 300%까지 받을 수 있자 더욱 매력적이라 느껴 앞뒤 잴 것 없이 매수에 나섰다.

그러나 2009년 12월 서울시 정비계획안 발표 후 K씨는 아연실색했다. 용적률을 법정 상한선인 300%에 훨씬 못 미치는 259.77%를 적용받은 것이다. 아파트 부지를 둘러싼 도로가 좁아 사선제한을 받았기 때문인데 이를 간과했던 K씨는 투자계획을 다시 세울 수밖에 없게 됐다

재개발·재건축에 있어 용적률을 얼마나 받느냐는 중요한 사항 중에 하나다. 용적률이 차이 나면 분양 수입이 줄고 조합원 부담이 느는 등 투자성이 크게 달라지기 때문이다.

그런데 이 용적률이라는 것은 법정 상한선 최대까지 올릴 수 있지만 그렇다고 모두 상한선까지 높일 수 있는 것은 아니다. 위의 사례처럼 건축 기준이라는 것이 있어 지역별 높이 제한, 일조권 보장, 도로 폭 사선 제한 등으로 용적률에 제약이 가해지기 때문이다.

따라서 재개발·재건축 매매를 앞둔 사람이라면 지역만 따져볼 것이 아니라 구역별로 구체적인 기반시설 상태 등을 점검해보고 용적률을 감안, 해당 매물의 투자성을 판단해야 한다.

53 경기·인천 거주자, 서울로 청약하러 GOGO~!

과거 서울 내 분양단지는 서울 거주자만 청약할 수 있었다.
그러나 정부가 우선공급비율을 조정해 서울 거주자만 청약할 수 있었던
서울 내 분양단지를 이제는 경기·인천 거주자도 청약할 수 있는 기회가 주어졌다.

수도권 66만㎡ 이상 대규모 택지지구에서 공급되는 주택은
공급물량의 50%를 서울·경기·인천 지역 구별없이
청약할 수 있도록 개정했기 때문이다.

수도권 대규모 택지지구 우선공급 비율

개정 전				개정 후			
구분	지역	수도권		구분	지역	광역자치	수도권
서울	100%	0%	→	서울	50%		50%
인천	30%	70%		인천	50%		50%
경기	30%	70%		경기	30%	20%	50%

그렇다면 우선공급 비율 조정이 어떻게 적용되는 것일까?

최근 가장 이슈화되고 있는 위례신도시를 살펴보자.

위례신도시에서 공급되는 총 가구수(2015년 분양물량 포함)는 총 27개단지, 50,685가구로 지역별로는 △송파구 5,584가구 △성남시 9,003가구 △하남시 6,098가구다. 예전대로 분양을 한다면 서울 청약자들이 지역우선공급(수도권 포함)으로 청약할 수 있는 가구수는 송파구 100%, 성남과 하남 물량 각 70%씩 총 16,154가구다.

그러나 공급비율 조정으로 서울 청약자는 송파구 100%(수도권 포함), 성남과 하남 물량 각 50%씩 13,134가구를 청약할 수 있게 된다. 즉 경기에 청약할 수 있는 물량이 조정된 탓에 이전에 비해 청약 가능한 가구 수가 18.69%나 줄어들게 되는 것이다.

반면 경기 청약자들은 10,570가구(성남과 하남 물량 각 70%)에서 13,362가구(성남 · 하남 물량 각 70% + 송파구 50%)로 청약할 수 있는 가구 수가 무려 20.89%나 증가하게 된다. 중요한 것은 서울 내 위치한 송파구 청약물량을 청약할 수 있는 기회를 얻은 점이라 하겠다.

54 지분쪼개기가 뭐길래

지분쪼개기란?

단독주택 또는 다가구주택을 다세대주택으로 전환해 구분등기하는 것. 분양권을 여러 개 받기 위해 한 때 지분쪼개기가 성행했으나 2003년 12월 30일 이후 다세대로 분할된 지분부터는 하나의 분양권만 주어져 사실상 쪼개기가 금지됐다(단 다세대주택으로 신축한 경우 주거전용면적이 해당 정비사업으로 건립되는 분양용 공동주택의 최소 주거전용면적 이상인 경우는 각자 분양 대상자로 봄).

분양권을 받기 위해 성행했던 지분쪼개기. 그러나 지분쪼개기로 조합원수가 크게 늘면서 이로 인한 폐해가 고스란히 지분을 매입한 소유자에게 돌아오고 있다.

성동구 행당동 A 재개발 구역은 새로 지어지는 아파트 가구수가 551가구였다. 이 중 임대주택인 94가구를 제외하면 조합원 아파트는 457가구인데 관리처분인가 당시 조합원 수가 475세대에 달해 일부 조합원은 아파트를 받지 못하고 현금 청산되는 곤욕을 겪었다.

또 금호동 B 재개발구역도 지분쪼개기로 인한 후유증을 앓았다. 조합원 수 증가로 소형 아파트만 빽빽이 들어서고 추가부담금은 더 커지자 조합원간 소송까지 발생하며 사업추진에 자꾸 제동이 걸렸던 것.

일반분양 물량이 많아야 건설사 입장에서도 수익을 볼 수 있어서 좋고 조합원은 조합원 분양가가 싸게 책정되고 큰 평형을 배정받는 등 이익이 있어 좋다. 그런데 지분쪼개기가 성행해 조합원이 많아지면 조합원 분양가 상승, 작은 평형 배정 혹은 현금 청산 우려, 건설사 마진 축소로 인한 사업포기 가능성 등이 발생해 사업진행에 차질을 빚거나 무산되는 경우가 많아지게 된다. 이에 조합원수 증가로 사업추진이 불투명해진 일부 구역에서는 지분합치기를 통해 다시 조합원 수를 줄이는 움직임을 보이기도 했다.

➕ 플러스TIPS

지분합치기도 있어요!

지분쪼개기를 통해 다세대주택으로 변경된 주택을 다시 단독주택 또는 다가구주택으로 전환하거나 조합원이 구역 내 지분을 추가로 매입하는 것이 지분합치기다. 2003년 12월 30일 이전 쪼갠 지분은 2개 이상을 합쳐 전용면적 60㎡를 넘는 경우 권리가액에 따라 전용 85㎡ 초과 중대형을 분양받을 수 있어 지분합치기가 성행하기도 했다.

부동산투자 초보자
꼭 이렇게 한다

저한테도 투자비법을 알려주세요~ '어떻게 투자하면 대박나나요?'

부동산으로 돈 번 김부자네

투자 비법

- 본인만의 투자원칙 없이 부동산으로 돈 벌었다는 다른 사람 투자형태를 그대로 따르는 사람.

- '시세차익용? 임대용? 그게 뭐야?' 투자에 대한 목적 없이 그저 남들이 좋다는 말에 투자하는 사람.

- 막상 계약 앞두고 망설이다가 좋은 투자처를 놓쳐버리는 사람. 나중에 하는 것은 후회뿐 반성도 없다.

- 현장은 뒷전, 머리로만 투자하려는 사람. 이런 사람들은 이론적 지식만 넘쳐난다.

- 부동산 정책을 소홀히 하고 미래가치를 내다보기보다 당장 눈앞의 인기 종목만 쫓는 사람.

부동산투자에 실패하는 사람들은 대부분 평소 국내외 경제흐름이나 부동산 움직임에 대한 관심과 정보가 부족하다. 부동산 움직임을 읽는 능력이 부족하다 보니 뒷북투자로 상투를 잡아버리기 일쑤고 자신이 왜 투자를 실패했는지도 모른 채 투자금을 까먹는다. 운 좋게 '대박' 맞는 경우도 있을 수 있으나 이에 용기(?)가 팽배한 초보자는 무리한 투자를 서두르다 수익금을 몽땅 날려버리기도 한다.

나초보씨가 대표적인 예다. 자신만의 투자원칙이 없는 나씨는 주변에서 집값이 들썩이면서 불안한 마음부터 들기 시작했다. '이러다 영영 집을 못 사는 거 아니야?' 라는 조바심에 무리한 대출을 받고 어디가 오른다더라 하는 소문을 따라 집을 매매했다.

그러나 이때부터 정부는 부동산시장이 불안하다며 각종 규제를 옥죄이기 시작하고 천정부지로 오를 것 같던 집값은 하락세로 반전해버렸다. 무리한 대출을 받고 산 집이다보니 집값이 떨어질수록 밤낮 얼굴이 헬쑥해져간다. 대출이자를 갚아야 하는데 원금은 언제 갚나, 집은 팔리지도 않고…. 점점 고민이 깊어지고 결국 버티지 못한 나초보씨가 큰 손해를 보고 매물을 내놓으면 나투자씨가 날름 매물을 사간다.

급매물을 매입한 나투자씨는 집값이 다소 떨어져도 느긋하다. 부동산시장이 한없이 횡보기를 걸으며 서민들이 아우성치자 정부가 서서히 규제를 풀어주고 집값은 다시금 움직이기 시작한다. 그동안 멈춰 있던 주변 개발호재도 빛을 발한다. 이 모습을 보고 있노라니 나초보씨는 배가 아프다. '저기 오른 곳 원래는 내가 살던 곳이야' 라는 한탄만 할 뿐….

뉴타운과 재정비촉진지구

뭐가 다르죠?

뉴타운과 재정비촉진지구는 다른 말 같기도 하고
같은 말 같기도 하다.

이게 정말 다른 말인가? 같은 말인가?

뉴타운, 재정비촉진지구, 균형발전 촉진지구 비교

구분	뉴타운	재정비촉진지구	균형발전촉진지구
정의	소규모 구역 중심으로 이뤄지던 기존 개발 방식을 적정 규모의 생활권으로 묶어 종합적으로 도시미관 및 기반시설을 조성하는 도시계획사업	정부의 특별법 지원을 받아 추진되는 도심 광역 개발 단위로 면적이 50만㎡ 이상인 주거지형과 20만㎡ 이상인 중심지형으로 나눌 수 있음	자치구별로 중심거점지역을 지정, 육성해 서울 도시 공간구조를 전환하는 복합도시 개발사업
근거법	서울시 지역 균형발전지원에 관한 조례	도시재정비촉진을 위한 특별법	서울시 지역 균형발전지원에 관한 조례
사업방식	주택재개발사업, 주택재건축사업, 주거환경개선사업, 도시환경정비사업		도시환경정비사업
특혜		– 층 수 : 2종일반주거지역 층수 제한 적용 배제 – 용적률 : 지자체 조례에도 불구하고 「국계법」상한까지 완화 – 소형주택 의무비율 완화 : 전용면적 85㎡ 이하 비율 60% 이하(주택재개발일 경우)	용적률 600% 이하

그렇다면 한남뉴타운이라는 말이 맞는 것일까? 한남재정비촉진지구라는 말이 맞는 말일까? 물론 둘 모두 맞는 말이다.

한남뉴타운은 2003년 11월 뉴타운으로 지정된 이후 2006년 10월 재정비촉진지구로 지정하고 건축규제 등 완화, 재개발사업의 구역지정요건 완화, 소형주택의무비율 완화, 교육환경 개선, 기반시설 설치지원, 지방세면제·과밀부담금 감면 등 인센티브를 받아 사업을 진행하고 있다.

우선 뉴타운과 재정비촉진지구는 지정권자가 다르다. 뉴타운은 서울시 즉 지방자치단체, 재정비촉진지구는 국토해양부, 국가가 지정해주는 것이다. 둘 다

지정이 될 수도 있고, 아닐 수도 있다. 예를 들면 왕십리뉴타운은 맞지만 재정
비촉진지구는 아니다. 돈의문뉴타운 역시 마찬가지.

균형발전촉진지구는 뉴타운이나 재정비촉진지구와는 또 별개로 구역지정 요
건은 따로 없이 심의를 통해 지구를 지정한다. 임대주택건립 의무가 없고, 층
수제한, 소형아파트 건립의무도 없어 사업성 면에서는 가장 우수하다.

 플러스TIPS

뉴타운 재정비촉진지구 지정지역
(지역별 지구 내 일부 개발구역의 구역지정은 해제된 곳들도 있음)

■ **뉴타운**
- 서울 − 1차 : 길음, 왕십리, 은평
　　　 − 2차 : 가재울, 노량진, 돈의문, 미아, 방화, 신정, 아현, 영등포, 전농 · 답십리, 중화, 천호, 한남
　　　 − 3차 : 거여 · 마천, 북아현, 상계, 수색 · 증산, 시흥, 신길, 신림, 이문 · 휘경, 장위, 흑석

- 경기 − 고양(능곡), 고양(원당), 광명(광명), 구리(수택,인창), 군포역세권, 남양주(지금, 도농), 안양(만안), 의정부(가능), 의정부(금의), 평택(신장), 평택(안정)

■ **재정비촉진지구**
- 서울 − 거여 · 마천, 구의 · 자양, 길음, 노량진, 방화, 북아현, 상계, 세운, 수색 · 증산, 시흥, 신길, 신림, 신정, 은평, 이문 · 휘경, 천호 · 성내, 한남, 흑석, 가재울, 아현

- 경기 − 고양(능곡), 고양(원당), 광명(광명), 구리(수택,인창), 군포역세권, 남양주(지금, 도농), 안양(만안)

■ **균형발전촉진지구**
　　 − 1차 : 미아균촉지구, 청량리균촉지구, 합정균촉지구, 홍제균촉지구
　　 − 2차 : 구의 · 자양균촉지구, 상봉균촉지구, 천호 · 성내균촉지구

대기 매수자의 고민에 답하다

이번 부자노트에서는 주택시장에서 대기 매수자가 가장 고민하는 질문에
대해 답하고자 합니다.

'지금 주택에 투자해도 될까?'

지금 투자해야할 곳과 지금 투자하지 말아야 할 곳이 있습니다. 지금 투자
해야 할 곳을 찾는 게 중요합니다. 그리고 지금 투자하는 게 더더욱 중요합
니다. 그러면 지금 투자해야 할 곳은 어디일까요?

첫째 일시적으로 수요보다 공급이 많은 곳, 하지만 지속적으로 수요가 늘어
나는 곳입니다. 지금은 공급물량이 수요보다 일시적으로 많지만 2~3년 이
후 수요가 지속적으로 늘어나는 곳이 지금 바로 투자해야 할 곳입니다.

둘째 사업속도가 빠른 재건축 재개발 단지입니다. 재건축 재개발은 원도심
주택개발 사업입니다. 일본처럼 고령화될수록 인구는 대도시 외곽에서 원
도심으로 다시 몰리고 있다는 것을 주목해야 합니다.

'지금 투자해도 하락하지 않을 투자처는 어디일까?'

지금 투자해도 하락하지 않을(일시적으로 하락할 수는 있겠지만) 투자처는 미래
가치가 높은 주택입니다.

미래가치가 높은 대표적인 투자처는 사업속도가 빠르고 입지가 뛰어난 재건축 재개발 단지입니다. 서울에선 개포동과 반포동 일대 재건축단지가 가장 미래가치가 높습니다. 또 동부이촌동과 서초동 잠원동 재건축단지도 추천합니다. 압구정동은 재건축 사업속도가 더뎌 비추합니다. 또 재개발은 금호동 옥수동 일대 재개발구역과 한남뉴타운이 뛰어난 입지(강남 접근성)로 미래가치가 높습니다. 다만 5년 이상 장기보유할 생각으로 투자해야 합니다. 투자 시 사업 속도에 특히 유의해야 합니다.

재건축 재개발 모두 관리처분인가 직전에 사는 게 매수타이밍으로 가장 좋습니다. 리스크를 최대한 낮추고 싶다면 일반분양 직전이나 직후에 사는 것도 좋습니다. 당연히 일반분양이 성공한다면 분양 직전에 사는 게 좋고 실패할 경우에는 분양이후 사면 됩니다.

정말 보수적인 투자자라면 일반분양 이후 일반분양 분양권이나 조합원 분양권을 늦어도 입주 1년 전까지 매수타이밍을 잡는 게 좋습니다. 연내 조합원 분양권(입주권) 주택 수 제외라는 규제완화도 임박해 대기 매수자는 주목해야 합니다. 분양권 중에선 위례신도시, 동탄2신도시가 미래가치가 높습니다. 전매 규제가 계속 완화되고 결국엔 완전 자유화될 것입니다. 그러면 분양권시장은 커질 것입니다. 이 말은 돈이 분양권시장에 몰린다는 것이지요. 돈이 몰린다면 프리미엄(시세)이 오르는 것은 당연한 이치입니다.

지방 분양권으론 세종시를 강력 추천합니다. 특히 2014년이 일시적으로 입주물량과 분양물량이 많아 매수자가 협상력을 갖고 매수하기 좋은 타이밍입니다. 브랜드와 입지에 따라 프리미엄 편차가 큽니다. 따라서 선호도가 상위권(상위 30%)이 되는 분양권의 로열층을 매입하는 게 좋습니다. 또한 지난해부터 청약열기가 뜨거운 혁신도시 아파트(분양권)도 지금 투자해야 할 곳입니다. 정부부처가 이전하는 세종시와 마찬가지로 혁신도시도 2015년까지 151개 공공기관이 대부분 이전될 예정입니다. 따라서 분양시장도 지난해부터 세종시처럼 뜨거워지고 있습니다. 전북혁신도시(전주 완주), 광주전남혁신도시(나주), 대구혁신도시, 부산혁신도시 등이 대표적입니다. 반면 사업추진이 더디거나 무산되고 있는 기업도시 아파트는 비추입니다.

마지막으로 한마디 덧붙입니다. 지금 투자해야 할 곳은 많습니다. 하지만 과거와 달리 단타를 노리고, 투자하는 가수요 비중이 크게 줄어들었다는 것을 명심해야 합니다. 유주택자든 무주택자든, 돈이 많든 적든 현재 대기 매수자(투자자든 내 집 마련자든)는 실수요가 주류라는 것입니다. 따라서 최소한 3년 이상 보유할 생각으로 투자해야 합니다.

200자 촌철살부

섬세한 인간이 담대해지는 법

이순신은 예민하고 섬세한 사람이었다. 예민하고 섬세한 사람이 담대해지려면 다른 사람보다 몇 배의 에너지가 필요했다. 그는 해결해야 할 사안이 생기면 생각하고 또 생각했다. 평범한 인간이 비범한 결과를 낼 수 있는 이면에는 다른 사람과는 구별되는 깊은 수준의 몰입이 있는데, 이순신이 그랬다. 몰입이 깊어지면 상할 수 있는 마음을 활을 쏘며 달랬다.

57 계약서 쓸때 가장 중요한 것은 뭐?

Before

계약서를 작성할 때 가장 중요한 것은 부동산의 표시와 소유자와의 계약 내용일 것이다. 그러나 그것만으로 충분하지 않다. 추후 문제가 생길 수 있는 모호한 부분이 있을 때 이를 대비해 **특약사항**을 기재하는 것이다. 미리 계약 당사자들이 합의해 기재해 놓으면 분쟁을 미연에 방지할 수 있기 때문에 불필요한 싸움을 막을 수 있다.

물론 아무 말이나 적는다고 해서 특약사항의 효력이 있는 것은 아니다. 자세하고, 이해하기 쉽게 적어서 시간이 지나더라도 무슨 말인지 혼동의 여지가 없어야 한다.

계약서에는 기본적인 내용 외에도 특별히 매매당사자 간에 협의된 내용이 있을 때는 특약사항이라는 것을 적게 돼 있다. 특약사항은 일반적인 계약서에 기본적인 내용을 모두 기재한 다음 하단부 기재하는 것이 일반적이다.

특약사항은 구체적으로 기입하는 것이 무엇보다 중요하다. 예를 들면 대출이나 전월세를 안고 거래가 이뤄지는 경우 대출과 전월세의 승계 책임이나 매수자가 직접 세를 놓고 보증금으로 잔금을 지급한다는 등과 같은 사항들이 특약사항이 되겠다.

그 외 시설의 비용적인 면에서도 합의가 이뤄졌다면 그런 부분을 기재해도 좋다. 예를 들어 베란다 확장 공사비를 매도가격에 포함한다 등에 관련된 내용을 적을 수도 있겠다.

특약사항에서 무엇보다 문제가 되는 것은 제세공과금을 비롯한 세금문제다. 그리 큰 금액은 아니더라도 계약이 진행되는 동안 부담자를 명확히 지정하는 것이 좋다. 특히 6~7월 사이에 하는 거래는 재산세와 종합부동산세가 부과되는 시기인만큼 세금의 부담자를 명확히 하지 않을 경우 분쟁이 일어날 가능성이 높다.

대출은 상환하는 방식에 따라 만기일시상환방식, 원금균등분할상환 등 여러 가지 방법이 있다. 그러나 이것들은 각각 특성이나 장단점이 달라 자신의 상황에 맞는 선택이 무엇보다 중요하다.

대출상환의 종류와 내용

종 류	내 용
만기일시상환	약정기간 중 이자만 부담하다 만기일에 전액상환
원금균등분할상환	대출금을 약정기간(월)으로 균등하게 나누어 매달 상환
원리금균등분할상환	대출금원금과 이자총액을 약정기간(월)으로 균등하게 나누어 매달 상환

대출상환 방식에 따라 3가지 방식 모두 일장일단이 있다. 만기일시상환은 만기까지 이자만 내다 만기시점에 일시에 원금을 상환하는 방법으로 만기까지는 목돈이 필요 없다는 장점이 있다. 그러나 만기까지 원금이 줄지 않기 때문에 이자부담이 크고 만기에 상환할 목돈에 대한 부담이 크다.

원리금균등분할방식은 매월 동일한 금액을 만기 전까지 납부한다. 처음에는 납입금 가운데 원금비율이 낮고 이자비율이 높지만 시간이 흐를수록 원금비율이 많아지고 이자비율이 낮아진다. 만기 시 일시상환방식에 비해 이자나 원금상환에 대한부담이 적다는 장점이 있으며 일정한 수입이 있는 사람에게 적당한 대출상환 방식이다.

원리금균등분할방식은 원금만 매월 같은 금액으로 나눠 상환하는 방식으로 원금이 빨리 줄어든다는 장점이 있다. 원금이 빨리 줄어드는 만큼 이자부담도 줄어들게 된다. 대출상환방식 가운데 이자부담이 가장 적다는 것이 큰 장점이다. 대출을 받을 때 상환방식은 중도에 변경할 수 없게 돼 있다. 때문에 자신의 금전 상황이나 수입구조에 맞게 대출상환 방식을 선택하는 것이 반드시 필요하다.

➕ 플러스TIPS

금리에 따른 대출 요령

대출을 받을 때 대출상환방법과 함께 선택해야 하는 것이 금리다. 변동금리로 할 것인가. 고정금리로 할 것인가. 고정금리는 말 그대로 변제 시까지 금리가 변하지 않는 것을 말하며 변동금리는 말 그대로 금리가 고정되지 않고 변동하는 것을 말한다. 금리가 오를 것이 예상된다면 고정금리가 유리하다. 반대로 금리가 떨어질 경우라면 변동금리가 유리하다. 따라서 경제상황에 맞게 금리를 선택해야 하며, 고정금리로 대출을 받았다가 금리가 떨어지면 다른 대출상품으로 갈아타는 방법도 생각해볼 수 있다.

매력적인 조합아파트

- 조합아파트는 직장이나 지역의 무주택조합원들이 토지를 매입해 아파트를 짓는 것이다. 대개는 시행사와 비슷한 역할을 하는 조합아파트 전문가들이 아파트를 건립할 수 있는 부지를 계약한 다음, 조합원들을 모집해 땅값을 치르고 건설회사로부터 건축비를 지불하고 시공을 맡기는 것을 말한다. 조합아파트는 우선 청약통장이 없어도 조합원이 될 수 있어 청약을 해도 당첨이 하늘의 별 따기보다 어려운 현시점에서 특히 수도권에서 내 집을 마련할 수 있는 좋은 방법이다.

- 무주택자뿐 아니라 60㎡ 이하 주택을 소유한 사람도 조합원이 될 수 있어 집 규모를 늘리려는 사람들도 관심이 많다. 조합원 지분의 경우 전용면적이 85㎡ 이하로 제한되지만 일반 분양아파트에 비해 분양가가 평균 10~15% 싸다는 점도 무주택 서민으로서는 큰 매력이다.

조합아파트의 장단점

장점	단점
– 전용면적 60㎡ 이하 주택 소유자도 조합원이 될 수 있어 주택 늘리기 방법으로 활용 – 분양가가 10~15%가량 저렴 – 청약통장 필요 없음	– 사업이 지연될 가능성이 있음 – 규모가 크지 않은 것이 일반적임 – 무주택 세대주(60㎡ 이하 주택 소유자 포함) 자격을 입주 시까지 유지해야 함

무주택자나 소형주택 소유자인 세대주가 내 집 마련을 위해 일정한 자격을 갖춘 조합원에게 청약통장 가입에 상관없이 주택을 공급하는 것을 지역조합아파트라고 한다.

지역조합주택의 가장 큰 장점은 일반분양에 비해 저렴한 비용으로 내 집을 마련할 수 있다는 것인데, 이는 투기수요를 불러일으킬 요인으로 작용할 수 있다. 그래서 무주택자이거나 전용면적 60㎡ 이하 주택 소유자로 조합원자격을 제한하고 있다(다만 지역조합원 자격의 무주택자 기준을 전용면적 85㎡이하까지 확대하는 안이 입법예고 돼 자격조건이 완화될 예정이다).

또한 조합원모집기간이 얼마나 걸릴지 예측할 수 없고 토지 매입이나 건축허가 등으로 사업이 지연될 수 있음을 유의해야 한다. 이럴 경우 금융비용등이 추가로 발생함에 따라 추가부담금이 생기는 등 초기보다 비용이 증가할 가능성도 높아진다.

이처럼 당장의 분양가는 저렴하나 사업추진 과정상 위험성이 크므로 자본계획이나 본인의 주거여건에 맞게 조합아파트에 투자해야 한다. 잘못하면 적지 않은 돈이 오래도록 묶일 수 있으며, 추가부담금도 발생할 수 있어 오히려 일반분양을 받는 것보다 못할 수 있기 때문이다.

사전사업현황이나 건축허가 등에 문제점은 없는지 조합은 물론 해당 지방자치단체에 확인하고 투자를 결정할 필요가 있다.

60 당첨을 포기하고 싶어요

청약을 했으면 책임을 져야 할 거 아냐!!

네가 싫어 졌어!! 흥!!

청약자

오랫동안 기다렸던 단지가 드디어 분양한다. 그리고 당첨까지 됐다. 그러나 문제는 1층에 북향, 거기다 집 앞에 옹벽까지 있는 것!

이걸 계약할 수는 없다. 당첨된 게 아깝긴 하지만 계약을 하고 안 하고는 내 마음! 난 이런 계약은 안 하겠어! 그런데 그렇게 되면 나는 어떻게 될까? 내 청약통장은 계속 사용할 수 있을까?

결론부터 말하자면 **계약을 하지 않아도 일단 청약을 한 것으로 보기 때문에 재당첨금지가 그대로 적용된다.** 때문에 실거주를 염두에 두고 접근한 청약이라면 웬만하면 그냥 계약하는 게 나을 수 있다.

재당첨 금지란 분양가상한제 주택을 분양받는 사람들의 투기방지를 위해 당첨자는 물론 세대원 모두에게 다른 아파트에 대한 청약을 할 수 없게 하는 제도다. 그러나 주택시장 활성화를 위해 재당첨이 금지되는 경우 분양가상한제 당첨자에게 국한되고 민영주택에 한해서는 이 규정이 적용되지 않기 때문에 주택의 당첨 여부와 관계없이 청약할 수 있다.

강서구에 사는 K씨는 3년 전에 갖고 있던 청약통장을 인근에 분양하는 단지(분양가 상한제 적용 대상)에 청약하는 데 썼다. 집 앞이고 분양 당시 모델하우스에 사람도 많고 그래서 일단 청약을 했던 것. 결과는 미분양, K씨는 당연히 당첨이다.

그러나 K씨! 막상 분양가와 브랜드인지도, 입지여건까지 다 따져보니 이건 아닌 것 같다는 생각이 점차 굳어졌다. 이를 어쩐다. 계약까지 며칠 밤을 새워 고민했다. 전문가 상담도 받고 인근 중개업소도 가봤다. 100이면 100 모두 말린다.

미리 열과 성을 다해 알아보고 청약을 했어야 했다. 고민 끝에 계약을 포기한 K씨…. 그의 말로는 어떻게 됐을까?

K씨는 당첨이 일단 되면 계약 여부에는 상관없이 재당첨 금지기간에 걸려 청약으로는 내 집을 마련할 수 없게 됐다. 그래서 미분양 물량에만 기웃거려야 했다. 꼭 청약하고 싶었던 단지가 분양을 시작해도 그는 청약을 할 수 없었다는 안타까운 이야기!

이처럼 청약통장을 한 번 사용할 때는 미리 분양가, 인근 시세, 브랜드 인지도, 입지여건 등을 따져보고 신중히 결정해야 한다. 통장을 쓴 후에야 여기에 대해 조사하는 것은 '소 잃고 외양간 고치는 일'밖에 안 된다. 미리미리 알아보자!

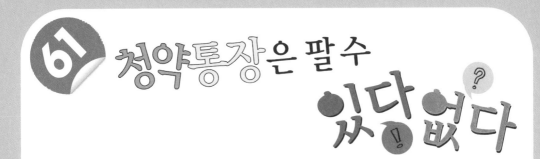

61 청약통장은 팔수 있당없다?

WANTED

2010.3.13-18:36

이름 : 나욕심
죄목 : 청약통장 불법거래
현상금 : 30,000,000원

주택을 공급받을 수 있는 지위, 입주자저축증서 등을
사고파는 것은 법으로 금하고 있다.
대표적인 예가 청약통장이다.

그럼에도 불구하고 사람들이 청약통장을 사고파는 이유는 단 한 가지, 돈 때문이다. 사는 사람 파는 사람 모두 돈을 벌 수 있을 것이라는 욕심 때문이다. 그러나 이를 위반한 거래는 거래가 무효가 되거나 환매조치될 수 있고 위반자는 징역 3년 이하 3,000만 원 벌금형에 처할수 있다.

청약통장을 사고 판 매도·매수자와 거래를 알선한 사람에 대해서는 최장 10년까지 새 아파트 청약이 제한된다.

또 통장 거래 알선을 목적으로 간행물, 전화, 인터넷 등에 광고를 게재한 사람도 10년 이내의 범위에서 청약자격을 박탈당한다.

거래가 무효화되거나 환매조치될 수 있고, 이때 위반한 사람은 3년 이하의 징역, 3,000만 원의 벌금형에 처할 수 있다. 결국 청약통장 거래 한 번 잘못했다가는 징역에 벌금까지 내고, 최장 10년까지 새 아파트 청약이 안 된다는 이야기다.

아무리 좋은 입지에 싼 분양가로 분양되는 단지가 있고, 청약통장 가입도 오래돼 당첨이 확실하더라도 청약통장 거래를 한 번 잘못했다간 새 아파트 청약은 꿈도 꾸지 못하게 된다.

주택 청약통장은 무주택 서민들의 주택 마련을 위한 것이지 경제적 사유 등을 이유로 거래가 이뤄진다면 부동산 가격 상승을 부추기는 요인으로 작용할 수 있다. 이 점을 고려해 청약통장 거래(매도, 매수, 중개)를 금지하고 있는 것이다.

집단 대출 그거 뭐가 좀 다르다는데?

집단 대출이란?

— 특정단체 내 일정한 자격요건을 갖춘 사람을 대상으로 개별심사 없이 일괄적인 승인에 의해 이뤄지는 대출을 말한다.

— 예를 들면 신규아파트 분양자를 대상으로 하는 중도금 대출이나 재건축아파트 소유자 등을 대상으로 취급하는 이주비 등을 말한다.

집단 대출을 받게 되면 대출받는 입장에서는 일일이 대출심사를 받는 번거로움을 피할 수 있다. 또한 은행의 입장에서 보면 재건축·재개발, 신규분양 또는 신규입주아파트 분양업자와의 협약체결 등을 통해 한꺼번에 대규모로 고객확보가 가능하다. 일반적으로 대출금리도 저렴한 것이 장점이고, 중도상환수수료나, 설정비용도 부담이 적다는 장점이 있다.

집단대출의 장점으로 여러 가지가 있지만 **가장 큰 장점은 DTI규제에서 자유롭다는 점이다.** 대출한도에 집단대출은 포함이 안 돼 이미 소득을 고려해 최대한 대출을 받았다고 해도 집단대출을 추가로 받을 수 있게 되는 것이다.

 플러스TIPS

DTI(Debt To Incom)란?
주택을 구입하려는 매수자가 주택담보대출을 받을 때 미래에 돈을 얼마나 잘 갚을 수 있는지를 소득으로 따져 대출한도를 정하는 것을 말한다. 2014년 11월 현재 DTI는 지역과 무관하게 60%로 적용되고 있다.

왜 우리는 브랜드를 따지나

'공덕동=래미안', '성복동=자이'와 같이
각 지역을 대표하는 브랜드타운 건설이 여전히 붐이다.
건설사들은 왜 브랜드타운을 건설하고 싶어 할까?

그 이유를 살펴보자!

브랜드타운은 ①동일 브랜드 사용으로 주민 간 커뮤니티 형성이 쉽고 ②브랜드 인지도가 높아져 거래가 용이하며 ③여러 아파트가 모여 대단지의 효과를 얻을 수 있는 등의 장점으로 수요자들의 선호도가 높다. 또한 인근 다른 단지에 비해 높은 시세를 형성하는 것이 일반적이다.

브랜드타운하면 공덕동=삼성래미안. 성복동=자이를 쉽게 떠올린다. 브랜드타운은 여러 가지 장점이 있지만 그중에서 가장 큰 장점은 이런 브랜드타운이 시세상승을 주도한다는 것이다. 불황에는 천천히 조금 하락하고 호황에는 먼저 큰 폭으로 상승한다.

그러나 브랜드타운이라고 해도 다 똑같은 것은 아니다. **입지가 갖춰지지 않은 곳에서 브랜드타운은 아무 소용이 없다.**

앞서 언급한 곳은 지하철 및 도로 등 교통이 편리하고 인근에 편의시설이 잘 갖춰져 있기로 유명한 곳이다.

훌륭한 입지를 갖추지 못한 가운데 브랜드타운만 형성돼서 집값이 오른다는 것은 마법과 같은 일이다. 브랜드타운도 중요하고 물론 장점도 많지만 그것은 동일한 입지를 갖추고 있다는 전제 하에서의 이야기일 뿐이다.

모든 일에는 순서가 있는 법이다. 먼저 입지를 선택한 후에 브랜드타운을 선택해야 한다.

64 분양권 중개수수료, 얼마 내야 할까?

수도권 전매제한도 풀렸겠다,
분양권을 매수해 새 집으로 이사 가리라 마음먹은 무주택씨.

즐거운 마음으로 전매 계약을 하고 중개수수료를 내려고 보니,
중개업자가 지역마다 통상적으로 받는 금액을 달라고 하는데…．
무주택 씨는 생각보다 너무 비싼 중개수수료 때문에 속이 다 쓰리다.

기준이 모호한 분양권 중개수수료, 대체 어떻게 산정하는 걸까?

분양권 전매 시 중개수수료는 '거래금액×중개수수료 요율' 이다.

1. 거래금액

거래금액 = 계약금＋기 납부한 중도금＋프리미엄

(당사자가 거래 당시 주고받는 총 대금)

- 프리미엄이 마이너스인 경우 거래금액에서 빼준다.
- 중도금 지급 시 융자금이 있는 경우 그 융자금을 포함한다.
- 이자후불제의 경우 이자 부분은 거래가액에 포함되지 않는다.

2. 중개수수료 요율 (매매·교환, 서울 기준)

거래금액	요율상한(%)	한도액
5천만 원 미만	0.6%	25만 원
5천만 원 이상~2억 원 미만	0.5%	80만 원
2억 원 이상~6억 원 미만	0.4%	–
6억 원 이상	0.9% 이내 협의	

예를 들어, 총 분양가 4억 5천만 원의 아파트를 분양받아 계약일 현재 계약금 4천5백만 원과 4회차 분의 중도금 1억 6천5백만 원을 납입했고, 프리미엄이 5천만 원이 붙었다면 거래금액은 2억 6천만 원이다.

법정 중개수수료는 '거래금액×중개수수료 요율'인 1백4만 원(2억 6천만 원×0.4%)이다.

3. 참고사항

이자후불제인 경우 중도금 대출에 대한 이자를 입주할 때 정산한다. 그 이자 부분에 대해서는 매도인과 매수인 중 누가 부담할지 협의하고 특약에 명시해야 분란의 소지가 없다.

2014년 11월 현재 국토교통부는 부동산 중개 수수료율을 현실에 맞게 조정, 2015년 초부터 적용, 시행할 방침이다. 조정안에 따르면 주택매매 시 6억 원 이상 주택의 중개수수료를 6억 원 이상~9억 원 미만은 0.5% 이하로 내리고 9억 원 이상은 현행 0.9% 이내에서 협의하도록 한다. 6억 원 미만은 0.4~0.6% 요율이 그대로 유지된다.

전세는 그동안 전셋값 상승분이 반영되지 않아 문제가 되어, 3억 원 이상~6억 원 미만은 0.4%로 요율이 인하된다. 6억 원 이상은 종전 0.8%를 적용한다.

집을 산다는 정서적, 이성적 의미

이번 부자노트에서는 무주택자가 내 집 마련을 한다는 정서적 의미와 이성적 의미가 과연 무엇인지 알아보겠습니다.

집을 산다는 정서적 의미

무주택자가 집을 산다는 정서적 의미는 무엇보다 '안정'을 취하고 싶다는 것 아닐까요? 즉 2년마다 전셋값을 올리고 재계약하거나 '전세난민' '월세난민'으로 살기보다는 한곳에 정착하고 싶다는 의미일 것입니다.

통상 이런 경우는 기혼자에 해당됩니다. 결혼을 하고 아이를 낳고 아이가 유치원 또는 초등학교 들어갈 나이가 되는 무주택자는 주택 구입을 본격적으로 고민하기 시작하죠. 하지만 주택을 구입할 여력도 부족하고 집값이 오르기 힘들다는 정서가 확산되고 있는 요즘 대출을 받아 집을 사는 게 쉽지 않습니다.

1997년 외환위기 이전처럼 평생직장을 다니면서 10년, 20년 꾸준히 저축하면서 모은 목돈을 종자돈으로 해서 내 집 마련을 하는 시대는 끝났습니다. 왜냐고요? 이제 평생직장이 없기 때문이죠. 언제 구조조정 될지 모르는 상황에서 10년 이상 내 집 마련을 위해 꾸준히 저축하는 시대는 끝났습니다. 또한 막대한 자녀 사교육비로 인해 내 집 마련이 우선순위에서 점차 밀려나고 있습니다.

그럼에도 불구하고 30~40대 무주택자가 집을 사려는 정서적 의미는 무엇일까요? 무엇보다 심리적 안정을 위한 것입니다. 전셋값이 급등하고 전세물건이 없어 불안하기 때문입니다. 전셋값은 오르고 자녀들은 커가는데 2년마다 외곽으로 이사 다니며 살 수는 없으니까요. 이런 분들에게 내 집 마련보다는 전세가, 전세보다는 월세가 낫다는 전문가의 무의미한 분석은 그리와 닿지 않을 것입니다. 월세를 살면서 현금흐름을 창출하라는 것은 말만 그럴싸하지요. 2014년 들어 상반기에 내 집 마련 디딤돌대출을 받아 주택을 구입한 2만8천 가구도 대부분 이런 이유로 내 집 마련을 했을 것입니다.

집을 산다는 이성적 의미

물론 정서적 안정만을 위해 내 집 마련을 하려는 사람은 많지 않을 것입니다. 정서적 의미와 이성적 의미가 결합했을 때 행동(내 집 마련)으로 이어지게 되지요.

집을 산다고 할 때의 이성적 의미는 무엇일까요? 지금까지(특히 2008년 이후) 무주택자는 집값 하락을 우려해 전세 또는 월세로 살아왔습니다. 집값이 떨어질지 모르는 불확실한 상황에 앞으로 10~30년간 연 4%대 주택담보대출 이자를 낼 자신이 없기 때문입니다. 투자보다는 거주가 우선이라고 하더라도 말이죠.

하지만 2년 만에 수천만 원씩 전셋값을 올려주고, 그나마 전세물건도 줄어들고 있습니다. 또 연 6%대 월세를 내고 세입자로 산다는 것도 녹록치 않습니다. 보증금이 낮아지지만 월세부담액은 올라가는 추세입니다. 이런 상황에서 박근혜정부는 주택수요를 늘리기 위해 저리 대출정책을 도입했습니다. 1~2%대 공유형 모기지와 2~3%대 내 집 마련 디딤돌대출을 시행하고 있습니다.

레버리지(지렛대) 효과만으로 무주택자가 주택을 구입하지는 않습니다. 지난 2006~2007년에 주택을 구입한 사람이 집값 하락으로 고통을 겪는 것을 곁에서 지켜봤기 때문입니다. 집을 사려고 하면 주변에서 왜 집을 사냐고 말리는 사람이 열에 예닐곱은 됐지요. 2013년까지 말입니다. 하지만 2014년 시장은 달라졌습니다. 비록 1~2월 반짝장세에 그쳤지만 집값이 바닥을 치고 상승하기 시작했기 때문입니다.

박근혜정부는 6.4지방선거 이후 더욱더 공격적으로 주택수요 촉진책을 추진하고 있습니다. 민영주택 소형주택건설 의무비율, 재건축 초과이익 환수제 및 분양가 상한제 폐지, 수도권 전매제한 및 청약가점제 완화, 청약통장 개편 등이 줄줄이 예정돼 있습니다.

우리나라에만 있는 전세시장은 시한부 인생입니다. 곧 주택시장의 렌트시장은 월세비중이 50%를 넘을 것입니다. 또 월세도 보증부 월세에서 순수 월세(속칭 깔세)로 바뀔 것입니다. 앞으로 연 6% 이자를 부담하고 월세로 살 것인가? 아니면 1~3% 이자의 대출을 받아 주택을 구입할 것인가? 당신이 무주택자라면 정서적, 이성적 의미를 곱씹어보길 바랍니다.

200자 촌철살부

사기꾼이 싫어하는 것은

저는 사기꾼이 싫어하는 것은 전문가가 아니라 천천히 선택하는 사람이라는 말을 자주 인용합니다. 사실 세상 사람들의 생각과는 달리 전문가야 말로 사기꾼에게 속기 쉽다고 하더군요. 전문가들은 어떤 좁은 경험 안에서 자신을 특화시켰기 때문에 오히려 일반인들보다 더 많은 선입관을 가진 사람이라는 뜻이겠지요.

65 이런 것도 다 청약이다

청약한 적이 없는데도 불구하고 당첨자로 분류되어, 갖고 있는 청약통장을 사용할 수 없는 경우가 있다. 대표적으로 지역조합, 재개발, 재건축 입주권을 갖고 있는 경우로 각각 사업계획승인일이나 관리처분인가일을 기준으로 당첨된 것으로 본다.

당첨자 관리대상		당첨기준일
분양주택(임대주택 포함) 1, 2, 3순위 당첨자		당첨자발표일
예비입주자로 선정된 자로서 공급계약을 체결한 자		계약체결일
예비입주자중 최초 동, 호수 배정추첨에 참가한 자		추첨일
특별공급대상자 (「주택공급에 관한 규칙」제19조)		당첨자발표일
사업주체에게 명도된 임대주택을 공급받은 자		계약체결일
분양전환되는 임대주택을 분양받은 자		당첨자발표일
사원주택의 입주대상자		사업계획승인일
직장, 지역조합원		사업계획승인일
재건축조합원	사업계획승인일 2006. 8. 17 이전	사업계획승인일
	사업계획승인일 2006. 8. 18 이후	관리처분인가일
재개발조합원		관리처분인가일
사업주체가 직접 또는 위탁하여 건설한 주택의 입주자로 확정된 자		사업계획승인일

관리처분계획인가일 기준으로 재개발 입주권을 갖고 있었다면 당첨이 된 것으로 본다. 이렇게 청약통장을 사용하지 않았지만 재당첨 제한에 걸려 통장을 사용하지 못하는 경우가 있다.

이는 우리들 주변에서 종종 만나볼 수 있는 사례인데, 분양전환 되는 임대아파트를 분양받는 사람도 마찬가지다. 분양받기 전까지는 얼마든지 청약통장을 자유롭게 이용했지만 이 집을 분양받은 날부터 청약을 못하게 된다. 그러므로 이런 사항들을 잘 숙지하여 분양 전환을 받을지 말지, 내가 통장을 못 쓰더라도 이 집을 분양 전환받을 만한 가치가 있는 것인지까지 꼼꼼하게 생각하고 따져볼 필요가 있다.

청약을 한 적이 없는데 내가 당첨됐다니 이런 일이…. 몇 년 동안 청약통장을 아끼고 아꼈는데 내 통장을 사용한 것으로 간주한다면 황당하기 그지없을 것이다.

당첨된 아파트가 수도권 내 과밀억제권역에 있다면 당첨일로부터 최대 5년간 재당첨이 제한되며 그 외의 지역에서는 최대 3년간 재당첨이 제한된다. 단, 민영아파트 분양에서는 재당첨 제한 규정이 적용되지 않는다는 점도 꼭 알아두자.

원룸 구하는 10가지 요령

와~ 깨끗하고 좋은데..

뭐야?

01 싼 게 비지떡! 너무 싼 원룸은 피하라

02 월세 계약은 1년으로 해라

03 각종 관리비 등을 꼭 확인하라

04 도배와 장판도 꼼꼼하게 점검

05 옥탑, 반지하는 절대 피하라

06 교통여건 꼭 챙겨라

07 부동산에서 가계약금을 요구한다면 일단 스톱

08 인터넷 너무 믿지 마라

09 집주인이 융자가 많다면 문제 발생 소지가 높다

10 혼자서 집을 보러 다니지 마라

원룸은 침실, 주방, 화장실을 기본으로 거실, 베란다가 하나의 독립된 공간을 말한다. 최근 1인가구가 증가하면서 원룸 수요가 꾸준히 증가하고 있는 상황이다. 원룸의 수요자들은 1인가구로 통학이나 통근의 편리성을 위해 독립하는 경우가 대부분으로 연령이 낮거나 집을 처음 구해보는 경우가 많다.

일단 어찌됐든 싸게 좋은 집을 구하면 된다. 그러나 **싼 게 비지떡이라는 말이 있듯이 싼 것만이 다는 아니다. 싸게 내놓는 데는 이유가 있다. 싸게 나온 매물은 먼저 이유를 파악해야 한다.**

또, 싸다고 반지하를 덥석 계약해서는 안 된다. 빛이 들어오지 않고 습기가 많기 때문에 선호도가 떨어질 수밖에 없다. 나중에 집을 빼고 싶을 때에는 집을 빼지 못해 낭패를 볼 수도 있다. 융자가 많은 집도 싸다고 해서 무조건 잡아서는 안 되는 곳 중 하나. 융자가 많다는 것은 집주인이 그만큼 여유자금이 없다는 애기이기 때문이다. 여유자금이 없으니 공실에 대한 대비도 부족하고 보증금을 빼줄 때도 그만큼 어려울 수밖에 없다. 정말 이사하고 싶을 때 보증금을 못 빼 집을 옮기지 못하는 경우가 생길 위험이 있으니 월세라고 해도 융자가 많은 집은 피해야 한다.

다소 비싸더라도 역세권을 선택해하는 것이 좋다. 지하철과 멀다면 차비가 더 들어갈 뿐 아니라 시간도 그만큼 낭비된다. 방세를 아낀 만큼 차비로 지출이 있으니 비싸도 역세권을 선택하는 것이 좋다. 도배는 월세의 경우 집주인이 해주는 것이 관례다. 계약금을 주기 전에 이 부분부터 확실히 확인하고 계약서에 도배에 관해 명시하는 것이 좋다.

대출 시 부대비용 만만치 않다!

내 집 마련을 할 때 주택담보대출을 받는 경우가 거의 대부분이다. 그러나 주택 담보대출을 받을 때 추가로 들어가는 비용도 상당하다. 대출받는 데 들어가는 부대비용은 다음과 같다.

취득유형	취득시기
수입인지대	인지세법에 따라 대출 시 대출 약정서에 붙이는 정부과세 증지로 대출금액에 따라 인지대는 차이가 있다.
저당권설정 관련 비용	담보대출 신청 시 추가되는 비용으로 근저당권을 설정할 때 드는 등록세(설정액의 0.2%), 교육세(등록세의 20%), 주택채권 매입(설정액의 1%), 수수료 등의 비용 등이 큰 부분을 차지한다.
감정평가수수료	아파트를 제외한 담보대출 시 추가되는 비용으로 금융기관 자체 감정 시에는 금융기 관별 수수료율 규정에 의해 약 2만~10만 원 선이고 감정 전문기관 감정 시 기본수 수료에 평가가액별 수수료가 더해진다.
중도상환수수료	정해진 최소 대출기간 이전에 대출금을 상환할 시에는 일종의 벌금 개념의 중도상환 수수료 부담을 전가하게 되는데 대출을 받은 이후에는 이러한 조건을 변경할 수가 없으므로 대출 신청 전에 반드시 적정 기간과 그에 따른 중도상환수수료를 확인해볼 필요가 있다.
기타 취급수수료	상품에 따라 별도의 대출 취급 수수료 혹은 화재보험가입 등을 요구(담당 직원 실적 쌓으려고)하는 경우(일명 '꺾기')가 있는데 이는 반드시 대출 신청 전에 유무를 확인 해야 한다.

1억 원을 대출받는다고 가정할 때 인지대는 7만 원이다. 인지대는 대출 규모에 따라 차이가 있는데 대출 금액이 4,000만 원 이하의 경우는 인지대가 없고 4,000만 원 초과~5,000만 원 이하일 경우 4만 원, 5,000만 원 초과~1억 원 이하 7만 원, 1억 원 초과~10억 원 이하 15만 원, 10억 원 초과 35만 원이다.

무엇보다 가장 큰 수수료는 저당권설정 비용이다. 일단 등록세가 설정액의 0.2%인 1억 원을 대출받는다고 할 때 20만 원. 등록세의 20%를 다시 교육세로 부담해야 하니 4만 원, 채권매입액이 1억 원이라고 했을 때 일단 설정수수료만 해도 24만 원이다.

감정평가수수료의 경우 최고 10만 원이라고 할 때 일단 대출 시 동반되는 수수료만 250만 원이 넘는다.

그 외 중도상환수수료는 금융기관에서 돈을 빌린 고객이 만기 전에 대출금을 갚을 경우 금융기관에서 고객에게 물리는 벌칙성 수수료로 남은 기간에 따라 일반적으로 대출 후 1년까지는 1.5%, 1~2년까지는 1%, 2~3년까지는 0.5% 수준의 중도상환수수료가 또 발생한다.
따라서 중도상환수수료를 아끼기 위해서는 대출상환 기간이나 방법을 자신에 맞게 선택하는 것이 중요하다.

68 복등기 나빠요!

복등기란 전매제한을 피해 불법적으로 분양권을 넘기는 방법의 일종이다. 즉 아파트 입주 전에 매매계약을 하고 입주 직후 최초분양계약자 명의로 소유권이전등기를 했다가 다시 새로운 매수자 앞으로 소유권이전등기를 하는 것이다. 등기가 동시에 두 번 이뤄졌다고 해서 복등기라 부르며 이 중등기라고도 한다. 분양권 전매가 금지된 투기과열지구에서 분양권을 전매하는 방법으로 입주를 2~3개월 앞둔 단지에서 주로 일어난다.

이때 최초분양계약자가 부담해야 하는 취득 시 동반되는 각종 세금을 새로운 매수자가 부담하며 이에 따라 매매대금을 깎아 주는 것이 일반적이다.

계약 후 등기 전까지 분양권 매수자의 권리를 보호받을 방법이 없어 매매계약서에 공증을 받는 방법이 널리 이용되고 있다. 그러나 복등기 자체가 불법이므로 이 또한 당연히 보호받지 못한다.
분양권 거래 불법 여부를 판정하는 데 기준이 되는 것은 매수·매도자 간의 계약일로 잔금을 소유권이전등기일 이후에 지급했다고 해도 합법적인 거래가 될 수는 없다.

이런 복등기는 대부분 새로 입주를 시작하는 택지지구나 신도시에서 주로 성행하게 된다.

A씨는 유망한 2기 신도시에 청약해 당첨의 기쁨을 누렸다. 입주할 날만 기다리고 있는데 기쁨도 잠시. A씨의 사업이 어려워지면서 급전이 필요해졌다. 당첨된 아파트를 하루라도 빨리 처분하고 싶지만 전매가 금지돼 본인 이름으로 등기가 되기 전까지는 거래가 안 된단다. 이를 어쩐다. 버틸 수 있는 만큼 버텼지만 이러다 사업이 망하게 생겼다. A씨 사용승인이 나면 본인 이름으로 등기한 후 다시 이전등기 해주기로 약속하고 집을 B씨에게 넘겼다.

B씨는 일단 A씨 이름으로 등기를 한 후 이전등기를 다시 해야 한다. 이게 바로 복등기라는 것이다. B씨는 자기 이름으로 등기가 넘어오기까지 얼마나 마음을 졸일까? 이런 조건에 누가 이런 집을 계약하겠느냐 생각하겠지만 이런 경우 대부분 집값을 시세에 비해 낮게 해주는 것이 일반적이다.

돈 없는 서민, 이렇게 해서라도 급전을 마련하려는 마음이야 이해하지만 복등기는 엄연히 불법이다. 발각되면 B씨는 계약을 해지당하고 3년 이하의 징역 또는 3,000만 원 이하의 벌금형에 처해질 수 있다. 계약이 해지되면 이미 납입한 금액 또는 최초 분양가에 1년만기 정기이자율을 합산한 금액만 돌려받을 수 있어 괜히 작은 욕심냈다 큰 화를 입을 수 있다.

➕ 플러스TIPS

복등기가 미등기전매와 다른점
복등기는 미등기전매와는 구별된다. 미등기전매란 매도자가 잔금납부 또는 소유권이전등기를 하지 않은 상태에서 다른 사람에게 되파는 것이다. '중간생략등기' 라고도 하는데, 등기부상에는 분양권 매수자가 최초 소유자가 된다는 점에서 복등기와 차이가 있다.

69 무주택 기간과 무주택세대주 기간

무주택세대주란 세대주를 포함한 세대원(세대주와 동일한 세대별 주민등록표상에 등재돼 있지 않은 세대주의 배우자 및 배우자와 동일한 세대를 이루고 있는 세대원을 포함) 전원이 주택을 소유하고 있지 않은 세대의 세대주를 말한다. 좀 쉽게 풀어쓰면 무주택세대주란 분리된 배우자 등을 포함한 세대원 전원이 주택을 소유하지 않아야 한다. 무주택기간이란 말 그대로 자신의 이름으로 주택을 소유하지 않았던 기간을 의미한다. 무주택기간 산정은 30세 이후부터 가산되며 30세 이전 혼인신고 시에는 혼인신고일 인수부터 기산된다. 무주택기간은 연속적이어야 한다는 특성이 있다. 반면 세대주 기간은 연속되지 않아도 합산이 가능하다.

세대주란? 세대별 주민등록표상에 배우자 또는 직계존비속(배우자의 직계존 · 비속 포함)으로 이뤄진 세대의 세대주이다.

청약저축통장을 가지고 있으면서 올 가을에 결혼하는 달콤한 씨는 무주택세대주로 부인이 될 사람 역시 무주택자다. 그렇다면 달콤한 씨가 결혼하면 '무주택세대주 기간'을 이어갈 수 있을까? 여기에 비슷한 말로 '무주택 기간'이라는 말이 있다. 과연 구분을 어떻게 해야 할까?

결혼 후 달콤한 씨가 세대주가 되기를 희망한다면 **무주택세대주 기간은 여전히 인정된다.** 주택공급에 관한 규칙 제6조에 나오는 기준에 해당하기 때문이다. 규칙에서 세대주 사망, 결혼 또는 이혼, 세대주의 배우자 또는 직계존·비속으로 세대주가 변경된 경우에 한하여 세대주 기간을 인정하여 주기 때문이다. 위에서처럼 달콤한 씨는 세대주가 결혼하는 경우에 해당하기 때문에 무주택세대주 기간이 당연히 인정되는 것이다.

이르면 2015년 3월부터는 국민주택등의 청약 자격에서 '무주택세대주' 기준이 폐지될 예정이다. 현재 국민주택등은 무주택세대주에게 1세대 1주택으로 공급하고, 입주자모집공고일부터 입주 시까지 무주택세대주 자격을 유지해야 한다. 따라서 청약저축 가입자가 결혼으로 세대원이 되면 세대주로 변경해야 하는 불편함이 있었다.

마이너스 옵션제

득인가, 실인가?

마이너스옵션제(minus option system)란

아파트 내부 마감재를 입주자가 직접 선택해 시공하는 방식으로,
해당 품목의 설치비용을 제외한 가격으로 분양받고
아파트 완공 전후 입주자가 원하는 품목을 구입해 시공하는 것을 말한다.

마이너스 옵션제 장단점 비교

장점	단점
– 분양가가 5~10% 정도 절감되는 효과	– 동호수 배정 제한
– 취·등록세도 절약되는 효과	– 개발 마감재 시공으로 인한 비용증가 우려
– 청약자가 원하는 마감재를 선택할 수 있음	– 마감공사 하자 발생 가능성

마이너스옵션은 일반 옵션과는 반대되는 개념으로 아파트 내부 자재를 입주자가 직접 시공하고 건설회사의 내부 자재로 시공하지 않는 것을 말한다. 이는 분양 당시 시공되지 않는 만큼의 분양가가 줄어 분양가를 줄이고 취·등록세를 줄일 수 있다는 장점이 있다.

건설사에서 브랜드를 고급화하기 위해 빌트인 제품과 인테리어에 많은 금액을 투자하는 경향이 있지만 실제 청약자들이 필요치 않은 경우가 많아 그동안 청약자들의 불만을 나타냈던 것이 사실이다. 예를 들면 냉장고나 김치냉장고의 경우 이미 대부분의 청약자들이 가지고 있어 입주 시에는 기존제품을 처리하기 곤란한 경우가 많다.

마이너스옵션이란 주방가구와 가전제품 중에서 계약자가 원치 않는 것을 빼고 그만큼 분양가에서 빼주는 것을 말한다. 그러나 개별적으로 내부 시공이나 마감재 시공을 하는 경우 일괄시공에 비해 비용이 상대적으로 비쌀 수 있어 분양가를 낮추는 효과는 물론 취·등록세를 낮추는 효과도 볼 수 없어 신중한 선택이 필요하다.

통장 없이 청약한다

청약통장이 없거나, 재당첨금지기간 중에 있어 청약으로 갈아타는 것을 엄두도 못내는 사람에게는 더없이 좋은 청약방법이 있다. 바로 임의분양이다.

임의분양?

'주택공급에 관한 규칙'에 따라 일반 분양 가구수가 20가구 미만일 경우 청약자격, 통장가입, 공급절차 등의 제한 없이 실시되는 분양'을 말한다. 주로 업체가 자율적으로 공급하는 방식으로 인터넷청약이나 선착순분양방식을 통해 일반인에게 공급되는 경우가 많다.

임의분양은 분양 가구수가 20가구 미만으로 적다는 단점이 있지만 장점도 많다. 무엇보다 청약통장 없이도 청약할 수 있고 청약가점제, 분양가상한제 등이 적용되지 않는다. 또한 입주 후 바로 전매가 가능하다는 장점도 있기 때문에 청약통장이 없거나 청약가점이 낮은 청약자들은 공격적으로 노려볼 필요가 있다.

물론 규모가 작은 경우가 많은데 강남권이나 경기 남부 재건축 단지를 노려본다면 일반분양분만 적을 뿐이지 전체 가구수는 그렇지 않은 것이 일반적이어서 큰 문제는 아니라고 할 수 있다.

다만 분양시기를 쉽게 알 수 없고, 대한주택보증의 보증대상이 아니어서 시공사나 해당 조합이 부도를 낼 경우에는 분양대금을 보전할 방법이 없다는 단점이 있다. 따라서 믿을 만한 업체가 시공사로 선정된 단지를 고르는 것이 위험을 피하는 방법이라 할 수 있다.

무엇보다 임의분양은 청약가점제를 비롯해 분양가상한제도 적용받지 않아 입주 후 바로 전매가 가능하다는 장점까지 있어 내집마련 틈새상품으로 활용해보면 좋다.

72 청약통장으로 웃돈 빼는 노하우

무엇을 도와 드릴까요, 주인님?

청약통장을 어떻게 사용해야 할지 모르겠어...

나몰라 씨와 요술 청약통장

청약통장에 가입한 지 10년이 넘는 나몰라씨.

나씨는 장롱에 넣어둔
청약통장을 해지할까?
아니면 사용할까?
고민이 이만저만이 아니다.

주택시장이 장기간 침체된 요즘 청약통장을 해지해야 할까? 아니다, 절대로 해지해서는 안 된다. 오히려 주택시장 침체기가 청약통장 가입자에게 기회가 될 수 있다.

집값 상승기에는 분양시장에 청약자들이 몰려 수백대 일의 경쟁률로 당첨받기가 하늘에 별 따기다. 하지만 침체기에는 아무리 인기 단지라고 하더라도 수십대 일의 경쟁률을 극복하면 된다. 당첨될 경우 적지 않은 입주 프리미엄을 노릴 수 있다. 입주 전이라도 대부분 분양계약 후 1년이 지나면 분양권 전매로 되팔 수도 있다.

그렇다면 나몰라씨는 어떤 분양단지에 청약해야 할까?

가격경쟁력이 뛰어나야 한다.
입주 시점에 프리미엄이 5,000만 원 이상 붙은 단지를 보면 공통적으로 분양가가 인근 시세보다 쌌다는 것이다. 즉 가격경쟁력이 뛰어났다. 침체기에는 미분양을 우려해 건설사들이 분양가를 최대한 낮추려 하기 때문에 청약자들에게 오히려 기회가 될 수 있다.

입지여건이 뛰어나야 한다.
부동산은 입지라는 말이 있다. 분양 아파트도 당연히 입지여건이 뛰어나야 한다. 입지여건 중에서 무엇보다 교통환경이 좋아야 한다. 대도시 도심권에서 전철망은 필수 요소다. 그다음으로 쾌적해야 한다. 녹지가 풍부하고 용적률이 낮을수록 좋다. 교육환경과 편의시설까지 뛰어나면 말할 것도 없다.

✿ 수요층이 두터워야 한다.

수요와 공급, 즉 수급은 재료에 우선한다는 투자 철칙이 있다. 청약해야 하는 단지 주변에 입주시점 이후에 수요층이 지속적으로 늘어나면 금상첨화다. 수요가 늘어나면 입주 프리미엄도 늘어나기 때문이다. 또 지역적으로 수요층이 두터운 주택형을 골라야 한다. 입주 프리미엄을 극대화하기 위해선 전용 60㎡급으로 할지, 85㎡급으로 할지를 지역 수급을 고려해 선택해야 한다.

아파트 불패시대는 다시 올까?

이번 부자노트에서는 7.24대책 이후 아파트시장에 대세상승기가 와서 과연 '아파트 불패시대'가 다시 올 것인지에 대해 정리해봤습니다.

7.24대책의 핵심은 담보인정비율(LTV), 총부채상환비율(DTI) 완화입니다. 서울 6억 원 초과 아파트가 최대 수혜 대상이지요. LTV, DTI 규제는 김대중, 노무현정부 시절 집값 급등기에 도입됐습니다. LTV는 2002년 9월, DTI는 2005년 8월부터 규제가 시작됐습니다. 그 이후 현재까지 집값에 따라 규제 완급을 조절하며 탄력적으로 시행돼왔습니다.

장기간 국내 주택시장이 침체한 원인으로는 2007년 글로벌 금융위기에 따른 불확실성 증가, 이에 따른 경기침체로 인한 실질소득 감소, 인구변화로 인한 유효수요 감소 등이 지적됐습니다. 하지만 부동산정책 변수 중 LTV, DTI 규제가 단기적으로 주택시장 침체에 결정적인 영향을 미쳤습니다.

지난 2005년 LTV에 이어 DTI 규제가 시작되면서 미분양물량이 급증했습니다. 또 2009년 7월 LTV 강화와 2009년 9월 DTI 규제 지역을 수도권 전역으로 확대하면서 거래량이 급감하고 미분양이 급증했습니다. 특히 DTI 규제는 그동안 소득이 적은 20, 30대와 소득증빙이 어려운 570만 명(전체 취업자의 22%)에 달하는 자영업자의 주택구입을 가로막았습니다. 또 주택 투자로 자산과 임대소득을 늘리려는 중산층 이상의 투자수요를 억제했습니다. 이에 따라 수도권은 DTI 규제 확대 이후 전세물량 부족으로 인한 전세난과 전셋값 폭등이 시작됐고요.

따라서 LTV, DTI 완화는 실수요는 물론 투자수요를 증가시키는 데 위력을 발휘할 것입니다. 다주택자가 선제적으로 투자하고 이어 구매력 있는 중산층이 주택을 적극적으로 구입할 것으로 기대하고 있습니다. 그럼 아파트 불패시대는 다시 한 번 올 수 있을까요?

아파트 불패시대가 오려면 앞으로 주택시장(매매시장)이 다음의 과정을 거쳐야 합니다. 우선 재고아파트(기존 아파트)의 급매물, 저가매물이 소진돼야 합니다. 이어 일반매물이 거래돼야 합니다. 그래서 거래량이 일시적이 아니라, 지속적으로 늘어나야 합니다. 일반매물의 거래량이 늘어나면 재고아파트 가격은 자연스럽게 상승세로 돌아설 것입니다. 재고아파트가 상승세로 돌아서면 분양권 프리미엄이 오를 것입니다. 분양권 프리미엄이 오르면 투자가치가 있는 단지부터 미분양 물량이 소진될 것입니다. 이어 분양시장이 살아나겠지요. 분양시장이 지금처럼 국지적으로 과열되는 것이 아니라 수도권 전역에서 1순위 마감이 늘어날 것입니다.

그러면 주택시장은 대세상승이 오고 결국 아파트 불패시대가 오는 것입니다. 현재 아파트시장은 저가매물이 소진되는 과정에 있다고 봅니다. 대세상승기가 오려면 하루빨리 재고아파트의 일반매물 거래량이 늘어나야 합니다. 7.24대책 이후 매도자는 집값 상승에 대한 자신감이 높아졌습니다. 이 때문에 매물을 거둬들이거나 호가를 높이고 있습니다. 또 매도자는 본전심리(원금회복심리)에 따라 쉽게 팔지 못하고 있습니다. 지난 2007년 이후 집값 하락으로 인한 마음고생을 보상받기 위해서라도 최대한 비싸게 팔고 싶다는 욕망이 강합니다.

매수자는 조심스럽습니다. 일부 추격매수 조짐이 보이고 있으나 시장의 움직임을 좀더 지켜보자는 입장이 대세입니다. 실수요자는 매우 조심스럽습니다. 지난 2006년(한해 주택매매 거래량이 108만 2,000건으로 2006년 이후 최대) 전후 내 집 마련자들의 실패를 지켜보면서 주택구입에 매우 조심스럽습니다. 투자수요도 마찬가지입니다. 지난 2006년 전후로 상투에 투자해 20~30% 싸게 투매한 경험이 있어 똑같은 실수를 하지 않으려고 합니다.

아파트 불패시대가 오느냐의 관건은 결국 실수요가 얼마나 내 집 마련에 나서느냐에 달려있습니다. 재고아파트의 일반매물 거래가 늘어나면 집값 상승에 대한 기대감은 어느 때보다 높아질 것입니다. 그렇다면 저는 아파트 불패 시대가 다시 올 것이라고 생각합니다. 물론 결과적으로 이번에 오지 않을 수도 있습니다. 이에 대한 판단과 선택은 전적으로 부자노트 독자님의 몫입니다. 다만 집값 상승기에는 매수시점이 바로 바닥이라는 사실을 명심해야 합니다.

200자 촌철살부 事在易而求諸難(사재이이구저난)

어떤 일이든지 그 해결책은 아주 단순하고 쉬운 것으로부터 단계적으로 나가야 함에도 불구하고 어렵고 힘든 것이 해결책으로 잘못 생각하는 문제점을 제시한 것으로 본다. 또한 일설에는 일(事)이 천하를 바르게 다스리는 것으로 비유 들어 설명하기도 한다.

_ 맹자(孟子)의 이루장구(離妻章句)

미등기양도 해? 말아?

흔히 말하는 미등기양도는
얼핏 보면 취득세와 등록세를 아낄 수 있을 것 같아
누구나 유혹에 빠질 수 있다.
그러나 미등기 자산을 양도할 때 일반적으로
받을 수 있는 양도세 공제혜택을 받을 수 없음은 물론,
발각 시 양도소득세율도 70%로
가장 높은 세율이 적용되는 등 불이익이 많다.

부동산을 취득해 그 자산의 취득에 관한 등기를 하지 않고 양도(미등기양도)하면 매수자 입장에서는 취·등록세를 아끼는 듯이 보인다. 그러나 미등기 양도는 다음과 같은 불이익이 있기 때문에 절대 해서는 안 된다.

- **양도소득세 비과세 및 감면혜택이 없다.** 미등기로 양도하면 1세대 주택에 대한 양도소득세 비과세, 기타 조세특례제한법상의 각종 감면혜택을 받지 못한다. 특히 발각 시 양도세 70%의 높은 세율이 적용된다.

- **장기보유특별공제혜택도 없다.** 토지와 건물을 3년 이상 보유했다가 양도하면 양도소득세 계산 시 보유기간에 따라 양도차익의 최대 80%까지 공제받을 수 있지만 등기하지 않고 양도하면 공제받지 못한다.

- **양도소득세 기본공제혜택도 없다.** 양도소득세를 계산할 때는 모든 사람에게 각각 연 250만 원씩을 공제해주지만 미등기 양도자산에 해낭되는 경우에는 이 역시 받지 못한다.

미등기양도는 사실상 불법행위에 해당된다. 따라서 부동산등기특별법 위반행위로 징역 또는 벌금형에 처해질 수 있음에 유의하자.

74 부가가치세를 내라고?

상가는 일반 주택과 다르게 보유 시에 재산세, 종합부동산세 이외에도 부가가치세를 내야 한다. 주택의 경우 부가가치세가 없지만 상가는 월세, 즉 수익이 발생하므로 이에 해당하는 세금을 부가가치세로 내야 한다. 또한 상가는 양도 시 건물분에 대해 부가가치세를 내야 한다.

● **재산세** : 상가의 경우 건물의 재산세와 토지의 재산세를 따로 내야 한다. 건물에 관한 재산세는 7월 16일~7월 31일까지 납부해야 하고, 토지에 관한 재산세는 9월 16일~9월 30일까지 납부해야 한다.

● **종합부동산세** : 상가 건물이 있는 토지의 공시지가가 40억 원을 넘어섰을 경우 부과되는 세금으로 공시지가는 실거래가보다 낮게 책정된다. 따라서 종합부동산세를 낼 만한 상가를 가지고 있다면 부자라고도 볼 수 있다. 소액의 상가주들은 종합부동산세를 낼 일이 거의 없다.

● **부가가치세** : 부가가치세는 수익형 부동산인 상가 건물에서 발생되는 보증금에 대한 부분과 임대료 부분으로 모두 부가가치세가 부과된다. 임대료 부분에 대해서는 1기(7월 1일~7월 25일), 2기(다음해 1월 1일~1월 25일)로 나눠 납부한다. 금액은 수익 부분의 10%를 6개월 간 합산한 금액이 매출부가가치세다. 보증금에 대해서는 보증금에 정기예금이자율을 곱한 다음 임대기간을 일수로 환수한 후 세율을 곱하면 해당 기간 동안의 이자상당액에 해당하는 부가가치세가 산출된다.

양도 시에도 부가가치세는 부과된다. 부가가치세는 상가를 매도하고자 할 때에는 간이과세나 일반과세든 상관없이 건물에 대한 부가가치세를 내야 한다. 간이과세자는 상가 건물 가격의 3%를 납부하며, 세금계산서를 발행할 수 없어 부가가치세를 환급받기 어렵다.

전세계약 1년 or 2년?

통상적으로 전세계약기간은 2년으로 알고 있지만
집주인이 계약기간을 1년으로 요구하는 경우가 있다.
아 난감하다. 이 일을 어떻게 해야 할까?
한번 전세계약으로 2년 정도는 살고 싶은데
이걸 들어줄까? 말까?

주택임대차기간은 집주인과 세입자가 합의해서 결정하면 된다. 주택임대차계약의 최소기간은 2년으로 보고 있기 때문에 합의하에 1년을 계약했다 하더라도 임차인은 2년임을 주장할 수 있다.

따라서 임차인은 계약기간을 1년으로 한 경우에도 1년을 채우고 이사를 하거나 임대인의 동의 없이 2년을 거주하는 방법 중 하나를 선택할 수 있다. 때문에 임차인은 꼭 2년을 계약할 필요가 없는 것이다.

반면 2년으로 계약한 경우에 임차인이 1년만 살고 이사를 하고 싶은 경우 집주인에게 동의를 구해야 함은 물론이고 이사비용이나 부동산 중개수수료를 부담하는 등 불리한 입장이 될 수 있어 이를 신중히 결정해야 한다.

그렇다고 1년 계약이 임차인에게 꼭 유리한 것만은 아니다. 거래관행상 2년 계약하면 2년 임대차 종료 시점에 계약조건을 협의하게 되지만 1년 계약 후 2년 거주하려 한다면 1년이 지난 시점 전후에 집주인으로부터 전세금 인상을 통보받을 우려가 있다는 것쯤은 염두에 둬야 한다.

매매가 아니라도 양도세 낸다

부동산을 양도한다고 하면
대가를 받고 부동산을 넘겨주는 매매만 생각하기 쉽다.

그러나

양도차익에 대한 세금을 부과하는 양도소득세는
매매 이외에도 교환, 부담부증여, 담보로 제공한 자산이 경매처분되는 경우,
가등기에 의한 본등기를 한 경우, 이혼위자료로 부동산 소유권을 넘겨준 경우 등에도

양도세가 부과된다.

매매가 아니라도 다음과 같은 경우에는 매매로 간주하여 양도세가 부과된다.
어느 경우에나 양도차익이 발생하는 경우에 한함은 물론이다.

교환 : 당사자 쌍방이 별개 재산을 서로 교환하는 경우 양도로 본다.

부담부증여 : 수증자가 재산을 무상으로 받으면서 증여자의 채무를 부담하
거나 인수하는 증여를 말한다. 타인 간에 부담부증여를 하는 경우 증여재
산가액 중 수증자가 인수한 채무액에 상당하는 부분은 양도로 보고, 채무
액을 제외한 순수 증여분만 증여로 본다.

담보로 제공한 자산이 경매로 매각된 경우 : 채무보증금을 위해 담보로 제공한
자산이 경매로 매각돼 타인에게 소유권이 이전하는 경우 그에 상응하는
만큼 채무가 변제되므로 자산을 양도한 것으로 본다.

가등기에 의한 본등기를 한 경우 : 채권자가 담보 목적으로 채무자 소유부동
산을 가등기 한 후 채무자의 채무불이행으로 채권변제에 충당하기 위해
부동산 소유권이전등기를 한 때는 본등기가 완료된 때 채무자가 채권자에
게 자산을 양도한 것으로 본다.

이혼위자료로 부동산 소유권을 넘겨준 경우 : 당사자간의 합의나 법원의 판결
로 위자료를 지급할 때 당사자 일방이 부동산 소유권을 넘겨주는 경우도
그 자산을 양도하는 것으로 본다.

집이 있는데도 무주택자라고요?

Q 60세 이상의 직계존속이 수도권에 대형 아파트를 보유하고 있습니다. 이 경우 무주택자에 해당하는지요?

A 60세 이상의 직계존속이 주택을 소유하고 있는 경우에는 주택을 소유하지 아니한 것으로 봅니다. 이는 지역 또는 평형과는 관계가 없습니다. 다만, LH 등 공공기관이 건설하는 85㎡ 이하의 주택을 노부모 특별공급 청약하는 경우, 직계존속이 주택을 소유하고 있는 경우는 무주택으로 인정되지 않습니다.

Q 지방의 면단위에 있는 본인 소유 단독주택(85㎡ 이하)에 거주하고 있습니다. 이는 주택 소유에 해당하는지요?

A 도시지역이 아닌 지역 또는 면의 행정구역(수도권은 제외한다)에 건축되어 있는 주택으로서 주택의 소유자가 85㎡ 이하의 단독주택에 거주(상속으로 주택을 취득한 경우에는 피상속인이 거주한 것을 상속인이 거주한 것으로 본다)하다가 다른 주택건설지역으로 이주한 경우에는 주택을 소유하지 아니한 것으로 봅니다. 그러나 주택의 소유자가 매입(증여) 후 그 주택건설 지역에 거주하지 않은 경우에는 주택 소유에 해당합니다.

앞서 살펴본 바와 같이 집이 있어도 무주택자로 인정받는 경우가 있다. 이는 주택공급에 관한 규칙 제6조(세대주인정기간의 산정 및 주택소유 여부 판정기준)에 규정 돼 있는데 무주택자로 인정받는 주요 기준은 다음과 같다.

❶ 상속으로 인하여 주택의 공유지분을 취득한 사실이 판명되어 사업주체로부터 부 적격자로 통보받은 날부터 3월 이내에 그 지분을 처분한 경우.

❷ 도시지역이 아닌 지역 또는 면의 행정구역(수도권은 제외한다)에 건축되어 있는 주택으로서 다음 각목의 1에 해당하는 주택의 소유자가 당해주택건설지역에 거 주(상속으로 주택을 취득한 경우에는 피상속인이 거주한 것을 상속인이 거주한 것으로 본다)하다가 다른 주택건설지역으로 이주한 경우.

　가. 사용승인 후 20년 이상 경과된 단독주택

　나. 85㎡ 이하의 단독주택

　다. 소유자의 「가족관계의 등록 등에 관한 법률」에 따른 최초 등록기준지에 건축 되어 있는 주택으로서 직계존속 또는 배우자로부터 상속 등에 의하여 이전받 은 단독주택

❸ 20㎡ 이하의 주택을 소유하고 있는 경우. 다만, 2호 또는 2세대 이상의 주택을 소 유한 자는 제외함.

❹ 60세 이상의 직계존속(제11조의2 또는 제12조에 따라 입주자를 선정하는 경우에 는 배우자의 직계존속을 포함한다)이 주택을 소유하고 있는 경우.

❺ 무허가건물을 소유하고 있는 경우.

❻ 가점제 적용주택(민간건설 중형국민주택 및 민영주택) 청약 시에는 입주자모집공 고일 현재 60㎡ 이하의 주택으로서 주택가격이 7,000만 원 이하인 주택.

TIP! 2015년 3월부터 수도권의 경우 60㎡ 이하 공시가격 1억 3천만 원 이하 주택, 지방은 60㎡ 이하 공시가격 8천만 원 이하 주택으로 기준이 변경된다.

1~2인 가구와 서민을 위한 선택 '도시형 생활주택'

공동주택과 도시형 생활주택 차이점

구분	공동주택(아파트, 연립, 다세대)	도시형생활주택(단지형 다세대, 원룸형)의 주거전용면적
분양가상한제	적용	미적용
공급규칙	적용	일부적용(분양보증, 공개모집)
주차기준	세대당 1대 이상 (세대당 전용면적 60㎡ 이하 0.7대 이상)	단지형 다세대 : 좌 동 원룸형 : 0.2~0.5대(조례)
주거 전용면적	297㎡ 이하	단지형 다세대 : 85㎡ 이하 원룸형 : 14㎡~50㎡

도시형 생활주택이란 늘어나는 1~2인 가구와 서민 주거 안정을 위해 2009년 5월부터 시행된 주거 형태다. 기존 공동주택에 비해 건설기준, 부대·복리시설기준, 주차기준 등이 대폭 완화·적용되기 때문에 서민들을 위한 소형주택 공급 확대에 기여할 전망이다.

특히 역세권, 대학가 주변 등 소형주택의 수요가 많으면서 주차수요가 낮고 대중교통의 이용이 편리한 지역에 저렴한 소형주택인 원룸형과 기숙사형 주택이 집중적으로 공급될 예정이다.

도시형 생활주택의 유형은 형태에 따라 단지형 다세대주택, 원룸형 주택으로 나뉘는데, 국민주택규모(1세대당 주거전용면적 85㎡ 이하)**에 해당하는 주택을 300세대 미만의 규모로 건설하게 된다.** 이 중 단지형 다세대주택은 건축심의를 거쳐 기존의 다세대주택보다 1개 층을 더 건설할 수 있다.

한편, 서울시는 SH공사를 통해 도시형생활주택 300호를 매입해 맞춤형 임대주택으로 공급할 계획이다.

매입하는 도시형생활주택은 지역특성 및 수요에 따라 필요한 주택을 매입해 자치구에서 직접 입주자 추천과 관리를 하고 이를 통한 임대주택 공급 및 관리의 효율화에 기여할 것으로 전망했다.

전세계약 종료에도 불구하고 보증금을 받지 못했다면?

전세계약이 종료됐는데 보증금은 아직 받지 못했고, 어쩔 수 없는 사정으로 이사를 가야 한다면?

이때는 임차권등기명령제도를 활용하면 된다.
그러나 임차권등기는 '임대차가 종료된 후' 보증금을 반환받지 못한
임차인만이 신청할 수 있으며,
임대차가 종료되기 이전에 행한 임차권등기는 아무 효력이 없다.
임차권등기가 된 경우 기존의 대항력과 우선변제권이 계속 유지된다.

임차권등기명령제도는 전세기간 만료 후 세입자가 보증금을 반환받지 못하고 다른 곳으로 이사할 경우에도 우선 변제권을 인정받을 수 있도록 한 주택임대차보호제도로 1999년 3월부터 시행되고 있다.

임차권등기는 법무사나 변호사를 통해 쉽게 신청할 수 있지만 수십만 원에 해당하는 수수료 절약을 위해서는 법원 민원실을 직접 찾아가 신청하는 것이 좋다. 또 임차권등기명령신청에 소요된 비용은 임대인에게 청구할 수도 있다.

임차권등기 신청 시 필요한 서류는 임대차계약서 사본, 주민등록등본, 등기부등본, 임대차계약해지 내용증명 등이며 집주인의 동의 없이 임차인 단독으로 신청할 수 있다.

임차권등기가 되면 임차인은 대항력과 우선변제권을 취득하게 된다. 만약 임차인이 임차권등기 이전에 이미 대항력 또는 우선변제권을 취득한 경우에는 그것이 유지되므로 걱정할 필요가 없다.

단, 임차권등기명령은 전세계약 기간이 끝난 뒤에만 신청할 수 있고, 신청이 아니라 완료 시점부터 적용되므로 등기부등본에 기입된 이후 이사를 해야 한다.

아파트 인증제도를 아십니까?

공동주택 인증제도 현황

인증제도	평가항목	평가기준
친환경건축물인증제도 (2002년 1월 1일 시행)	토지이용, 교통, 에너지, 수자원, 환경오염, 유지관리, 생태환경, 실내환경 등 9개 부문 44개 세부 항목	−각 평가 항목에 대한 점수 부여 후 종합 점수로 구분 −65점 이상 : 우수등급 −85점 이상 : 최우수 등급
주택성능등급표시제도 (2006년 1월 9일 시행)	소음, 구조, 환경, 생활환경, 화재소방 등 5개 성능 부문 20개 세부 항목	−항목별로 1~3등급 또는 1~4등급으로 표시(2008년부터 1천가구 이상 의무)
지능형건축물인증제도 (2006년 7월 18일 시행)	건축환경 및 설비분야, 정보통신분야 등 2개 분야 36개 세부 항목	−각 평가항목의 평균 성적(총점 650점) −90% 이상 1등급 −80~90% 2등급 −70~80% 3등급
초고속정보통신건물인증제도 (2007년 1월 1일 시행)	배선설비, 배관설비, 구내배선성능, 도면관리, 디지털방송, 홈네트워크인증 등 2개 분야 39개 세부 항목	−평가 기준에 따라 특급, 1~3등급으로 구분 −홈네트워크인증은 AA, A, 준A 등급으로 구분
건물에너지효율등급인증제도 (2001년 11월 5일 시행)	−표준공동주택 대비 에너지절감률, 환기율, 외피열손실, 태양열취득 등에 의한 에너지성능 분석 등	−에너지절감률에 따라 등급 부여 −33.5% 이상 1등급 −23.5~33.5% 2등급 −13.5~23.5% 3등급

* 1,000가구 이상 단지가 의무적으로 인증받아야 하는 주택성능등급을 제외하고 나머지는 임의제도임

요즘은 누구나 자격증 한두 가지 정도는 소지하고 있는 '자격증 시대' 다. 사정은 아파트도 마찬가지.

기존에는 교육, 교통, 자연환경, 편의시설 등이 좋은 아파트를 판정하는 기준이었지만 이제는 추가적으로 아파트 자체의 성능을 인증하는 제도들이 생겨나 좋은 아파트를 판단할 수 있는 보조적인 역할을 하고 있다.

현재 공동주택에 적용되고 있는 인증제도는 5가지다. 친환경건축물인증제도, 주택성능등급표시제도, 지능형건축물인증제도, 초고속정보통신건물인증제도, 건물에너지효율등급인증제도 등이다. 물론 이 인증제도들이 아파트 품질을 평가하는 절대적인 기준이 될 수는 없으나 인증을 받아서 손해날 일은 없으므로 아파트 구입 시 한번쯤 눈여겨볼 만하다. 하지만 이러한 인증제는 허위·과장 광고에 악용되기도 하므로 유의해야 한다.

분양자들이 인증 여부를 제대로 확인하지 않는 점을 이용, 일부 건설사들이 아파트 분양광고 시 인증을 신청하지 않은 채 예비인증을 받은 것처럼 표기하거나 예비인증 후 아예 정식인증 신청을 하지 않는 사례 등이 있었기 때문.

또 예비인증 후 본인증을 신청하였으나 기준 미달로 불합격 되는 경우도 있으므로 분양 카탈로그에 아파트 인증마크가 표시돼 있었다면 입주 후에도 제대로 이행되었는지를 눈여겨봐야 한다.

81 전세금보장신용보험 가입하면 전세금 떼일 걱정 끝!

전세금 여기 있습니다

아이고~! 나도 보험 들 걸~!

경매

보험

경매

전세금보장신용보험 : 주택(또는 상업용 점포)의 임차인이 임대인으로부터 회수해야 할 임차보증금을 보호받기 위해 본인이 스스로 가입할 수 있는 상품이다.

보험가입 대상 : 임대차 계약기간 기준으로 계약기간이 1년 이상인 임대차계약(점포인 경우 보증금부 월세계약), 보험가입 시기 기준으로는 임대차계약 체결일로부터 10개월 이내(임대차 계약기간이 1년인 경우 5개월 이내)에는 보증보험 가입이 가능하다.

구분	주택	주택 이외의 건물
대상부동산	아파트, 다세대(연립), 단독, 다가구, 주거용 오피스텔	도,소매 등 상업용 건물
인수기준	선순위 설정최고액과 이차보증금 합산금액이 해당 주택 추정시가의 100% 이내. 단, 선순위 설정최고액은 추정시가의 60%(아파트 이외 주택의 경우 50%)이내 조건임	서울 : 7,000만 원 경기, 광역시 : 5,000만 원 일반시 : 4,000만 원 기타지역 : 3,000만 원 이하(임차보증금액 전액기준) 단, 선순위 설정최고액은 추정시가의 50% 이내 조건임
임차면적	제한 없음	제한 없음
보험요율	법인, 개인 : 아파트 연 0.232%, 기타주택 연 0.263%	법인, 개인 : 연 0.432%
취급처	SGI서울보증 : 1670-7000	

전세금보장신용보험 보험가입 시 시세는 아파트, 연립(다세대), 오피스텔(주거용) 및 점포의 경우에는 부동산전문지, 부동산중개업소 확인서, 공신력 있는 인터넷사이트(닥터아파트, KB부동산) 등을 참고하게 되며 단독(다가구)은 개별지가(토지가격확인원)에 의하여 산출한 가격의 130%를 적용하게 된다.

보험기간은 임대차계약 기간에 30일(상업용 점포는 60일)을 가산한 기간으로 한다. 보험가입금액은 임대차계약서상의 임차보증금(일부금액 가능) 또는 임차보증금에 일정금액을 가산한 금액으로 한다. 단, 임차주택이 단독, 다가구일 경우 임차보증금의 80% 이내인 금액으로 하며, 연립, 다세대인 경우 임차보증금의 70% 이내인 금액으로 한다.

전세금보장신용보험에 가입하면 경매, 공매가 실시되어 전세입주자가 전세금을 반환 받지 못하거나, 전세계약의 해지 또는 종료된 후 30일이 경과되었는데도 전세금을 반환받지 못함으로써 전세입주자가 입은 손해를 보상받을 수 있다.

전세금보장신용보험의 보험금 청구 시 구비해야 할 서류는 보험금청구문서, 보험증권 원본 또는 사본, 임대차계약서 및 임차보증금 지급영수증(사본), 임차목적물의 부동산등기부 등본(청구시점 1개월 내 발급), 임차인의 주민등록등본(청구시점 1개월 내 발급), 임대차계약 해지통보서, 임차주택의 경매 등으로 임차보증금 전액을 반환받지 못한 경우 이를 확인할 수 있는 서류(배당표등본 등), 기타 손해액을 증명하는 관계서류 등이다.

만약 전세금보장신용보험 가입 후 집주인이 바뀌었다면 어떻게 해야 할까?

임차인이 개인이라면 새로운 임대차계약을 체결하지 않더라도 주택임대차보호법에 따라 새로운 집주인이 임차보증금 반환의무를 승계하게 되므로 전세금보장신용보험의 효력에도 영향이 없다.

그러나 만약 새로운 집주인과 임대차계약을 다시 체결하여 임대인, 임대차기간, 임대차금액 등 전세계약 내용이 변경된 경우에는 당초 증권발급지점을 방문하여 보험계약 배서(주계약 변경사항을 보험계약 내용에 반영) 또는 신규증권을 발급받아야 보험계약의 효력이 유지된다.

부동산 투자금을 날리는 세 가지 방법

이번 부자노트에서는 장세에 휘둘리는 개미들에게 경고음(?)을 내기 위해 부동산 투자금을 날리는 세 가지 방법을 정리했습니다.

1. 싼 것을 매수하라

부동산 투자금을 날리고 싶다면 무조건 가격이 싼 부동산을 매입하면 됩니다. 그것도 자신의 눈이 아닌, 언론이나 전문가의 말에 의존해서 말입니다. 싼 게 비지떡입니다. 여기서 싸다는 말을 새겨들어야 합니다. 가격이 싸다는 것은 가치에 비해 싸다는 것이 아닙니다. 당연히 가치에 대해 가격이 싼 부동산에 투자해야 합니다. 여기서 싸다는 것은 가격도 싸고 가치(내재가치)도 낮다는 것을 의미합니다. 가치가 낮은 만큼 가격이 싸다는 것이지요. 최악의 경우에는 가치에 비해 가격이 비싼 경우입니다. 활황장세에 일시적으로 버블(거품)이 끼어있는 경우가 대표적입니다. 가격도 싸고 가치도 낮은 부동산은 앞으로도 투자자나 실수요자에게 계속 외면 받을 가능성이 높습니다. 현금화하지 못하는 부동산은 투자금을 날리는 지름길입니다. 단적으로 땅을 파는 기획부동산의 사기수법을 보면 쉽게 이해할 수 있습니다. 소액 투자자에게 세뇌공작(?)으로 개발될 것이라는 허황된 꿈을 잔뜩 불어넣고 땅을 쪼개 싼 가격(사실은 가치에 비해 엄청나게 비싼 가격)에 팔지요. 하지만 사는 순간부터 후회가 시작됩니다. 팔수 없는 땅이기에 자식이 아니라 손자까지 물려줄 각오를 해야 합니다. 당신이 부동산 가치투자자라면 지역 대표단지인 블루칩을, 또는 저평가 단지인 옐로칩을 상승장이 오기 전에 매수해야 합니다. 세금을 물면서 말입니다.

2. 계란을 여러 바구니에 담아라

리스크를 낮춘다는 명목으로 분산투자를 하세요. 즉 계란을 여러 바구니에 담으세요. 그러면 투자금을 날릴 수 있습니다. 45세에 여유자금 3억 원을 마련했다고 합시다. 이를 한곳에 투자하지 않고 두세 곳에 투자하면 리스크가 분산돼서 안정적인 투자수익을 올릴 수 있을 것으로 기대합니다.

하지만 평균적인 수익률이 아닌 최대의 수익률을 기록하려면 집중투자를 해야 합니다. 만약 당신이 10억 원 이상 현금자산을 갖고 있다면 두세 곳에 분산투자가 가능할 것입니다. 하지만 그렇지 않았다면 계란은 한 바구니에 담아야 합니다. 만일 1억 원 안팎의 투자금으로 부동산에 투자를 할 경우 내재가치를 기준으로 자신의 투자원칙과 기준을 충족시킬 수 있는 부동산 상품에 집중투자해야 합니다. 워런 버핏은 이렇게 말했습니다. "리스크는 수익을 기대하고 투자함으로써 발생하는 것이 아니라 정확히 모르는 대상에 투자함으로써 발생하는 것이다." 투자수익을 극대화하기 위해선 '싱싱한 계란'을 사들여 한 바구니에 담아야 합니다.

3. 매도속도는 빠르게 하라

매매 속도를 최대한 끌어올리세요. 오르지 않으면 과감하게 파세요. 손절매 하세요. 기다림은 악(惡)입니다. 시세차익이 날 것을 기대하고 샀지만 1년이 지나도 오르지 않는다면 과감하게 파세요. 그래야 또 다른 기회를 잡을 수 있습니다. 그러면 투자금을 날릴 수 있습니다. 하지만 앞에서도 말했듯이 내재가치가 높은 부동산은 많지 않습니다. 갈수록 더욱더 그렇습니다. 따라서 3년 이상 장기적으로 내다보고 투자해야 합니다. 배우자를 고르듯 말입니다. 활황기의 흥분과 침체기의 실망에 따라, 즉 장세에 따라 매도타이밍을 잡아서는 안 됩니다. 조바심은 가치투자의 최대의 적입니다. 조바심은 최대의 수익을 올릴 수 있는 기회를 한방에 날려버립니다. 매도타이밍을 너무 빨리 잡아 최대의 수익을 올릴 수 있는 기회를 놓치는 실수를 저질러서는 안 됩니다. 긴 호흡으로 평생 최대 다섯 번 부동산 투자를 한다는 생각으로 장기보유해야 합니다.

"부자들은 시간에 투자하고 가난한 사람들은 돈에 투자한다"고 버핏은 말했습니다. 명심하세요. 부동산 투자는 시간싸움입니다. 돈이 아닌 시간에 가치를 부여해야 합니다. 얼마나 남보다 더 버틸 수 있느냐에 따라 성공과 실패가 좌우됩니다. 최대의 수익을 올릴 수 있습니다.

200자 촌철살부

뼈아픈 후회

슬프다 / 내가 사랑했던 자리마다 / 모두 폐허다 / 완전히 망가지면서 / 완전히 망가뜨려놓고 가는 것 / 그 징표 없이는 / 진실로 사랑했다 말할 수 없는 건지 / 나에게 왔던 사람들 / 어딘가 몇 군데는 부서진 채 / 모두 떠났다 / 아무도 사랑해 본 적이 없다는 것 / 언제 다시 올지 모를 이 세상을 지나가면서 / 내 뼈아픈 후회는 바로 그거다 / 그 누구를 위해 그 누구를 / 한 번도 사랑하지 않았다는 것.

_황지우의 '뼈아픈 후회' 중에서

조합원분양 vs 일반분양

재개발·재건축 아파트를 사려고 할 때는 조합원분을 사는 것이 좋을까?
일분분양을 받는 것이 좋을까?

이것은 각자 처한 여건과 기대 정도에 따라 다른데 간략하게 정리해 보면 다음과 같다.

조합원분양	구분	일반분양
• 로얄층 입주 가능성 높음 • 분양가 일반분양보다 저렴함 • 청약통장 필요 없음 • 초기투자 시 많은 시세차익 기대	장점	• 원하는 평형 선택 가능 • 초기투자금 적음 • 사업지연 리스크 없음
• 추가부담금이 예상보다 클 우려 • 목돈이 오랜 기간 묶일 우려 • 초기투자금 많음	단점	• 공급물량이 적음 • 인기지역의 경우 당첨확률 낮음 • 조합원분양보다 분양가 비쌈 • 청약통장 필요함

결혼 후 10년 동안 내집마련을 위해 알뜰히 저축해온 40대 가장 김성실 씨. 그런데 막상 집을 사려고 보니 '조합원분양'과 '일반분양'의 차이가 뭔지 너무 헷갈린다. 김씨는 어떤 선택을 하는 것이 좋을까?

우선 청약통장 보유 여부에 따라 나눌 수 있다. **아직 청약통장이 없다면 일반분양은 포기해야 한다.** 미분양이 나지 않는 이상 일반분양에서 청약통장은 필수이기 때문이다. 하지만 '조합원분양'은 기존 주택을 매입하는 방식이기 때문에 청약통장이 따로 필요 없다.

당장 자금이 넉넉하지 않다면 일반분양이 유리하다. 일반분양 아파트는 계약금, 중도금, 잔금을 입주 전까지 2~3년에 걸쳐 나눠 내기 때문에 자금 부담이 적다. 간혹 시공사가 중도금 무이자, 이자 후불제 혜택을 제공하기도 해 입주 때까지 추가비용이 없는 경우도 있다. 반면 조합원 지분을 매입하는 경우에는 최초에 땅과 건물을 모두 구입한 후 나중에 새아파트로 바꾸는 것이기 때문에 초기투자금액이 훨씬 많다.

자금에 여유가 있고 투자수익도 높이고 싶다면 조합원분양을 선택하는 것이 유리하다. 조합원분양 이후 남은 물량에 한해 일반분양을 신청받으므로 로얄층 배정확률이 높고, 분양가 면에서도 일반분양보다 대체로 낮은 편이기 때문이다. 하지만 프리미엄이 너무 많이 붙어 있는 조합원 물량을 매수하는 경우 오히려 일반분양 물량보다 비싼 값에 구입하게 되는 일도 있으므로 투자 시 유의해야 한다.

83 부동산컨설팅 사무소에서는 집을 살수 없나요?

공인중개사사무소가 아닌 부동산컨설팅사무소에서는
부동산과 관련된 계약을 할 수 있을까? 없을까?

정답은 '없다' 이다.

'공인중개사의 업무 및 부동산거래신고에 관한 법률'에 의하면 공인중개사가 아닌 사
람은 부동산 매매, 교환, 임대차 기타 권리의 득실·변경에 관한 행위를 알선할 수 없다.
따라서 부동산 매수·매도 등 중개행위에 해당하는 거래를 할 경우에는 부동산컨설팅
사무소가 아닌 공인중개사사무소를 이용해야 한다.

부동산컨설팅업은 세무서에 사업자 등록을 마치면 영업이 가능한 자유업이다. 컨설팅업자는 주로 부동산을 효율적으로 이용, 개발, 활용할 수 있는 방안을 제시하고 그 대가로 보수를 받는다. 쉽게 말해 '거래'와 직접적인 관련이 있는 업무가 아닌 '상담'에 중점을 두고 있다.

따라서 컨설팅업자가 부동산 매매, 교환, 임대차 기타 권리의 득실·변경에 대한 행위를 알선하는 경우에는 무등록 중개행위에 해당하므로 부동산중개업법 위반으로 처벌받는다. 한편 대부분의 공인중개사사무소에서는 보증(공제)보험에 가입돼 있어 중개사고 발생 시 혜택을 받을 수 있지만 부동산컨설팅사무소에서 계약을 체결한 경우 불법중개행위에 해당해 피해가 생기더라도 배상을 받기 힘들다. 따라서 '거래계약서' 작성은 피하는 것이 좋다.

만약 부동산컨설팅 사무소에서 중개행위 외에 다른 도움을 받았다면 수수료는 얼마나 줘야 할까?

부동산컨설팅 수수료는 중개행위에 대한 대가인 중개수수료와는 성격을 달리한다. 그러므로 중개수수료의 규정을 적용받지 않고 당사자간 약정으로 결정할 수 있다. 마찬가지로 공인중개사 역시 컨설팅을 통해 부동산상품의 가치를 높이는 데 기여했다면 중개수수료 외에 당사자간 약정으로 정한 컨설팅보수를 받을 수 있다. 하지만 과다한 컨설팅 수수료로 인해 문제가 생겼을 경우 법원은 컨설팅 보고서 존재 여부, 컨설팅계약서 작성 여부, 컨설팅 기간 등을 고려해 적정한 수수료를 산정하도록 하고 있으므로 무리한 요구에 무조건 응할 필요는 없다.

84 서울 학원가 BIG 3

'맹모삼천지교'란 말은 맹자의 어머니가 자식을 위해 세 번 이사했다는 뜻으로,
인간의 성장에 그 환경이 중요함을 일컫는다.
요즘에도 그 중요성은 변함이 없는데 교육여건이 좋은 지역의 집값이
다른 지역에 비해 높은 것은 이 때문이라 해도 과언이 아니다.

특히 서울에는 대치동, 목동, 중계동 학원가가 유명한데 이들 지역은 방학 시즌을 앞두고
매번 '전세난'이 생길 정도로 인기가 높다. 물론 집값도 타지역에 비해 높은 편이다.

대한민국 사교육 1번지 '대치동' 대치동의 학원 숫자는 대략 1천여 개 정도로 추산된다. 이 중 대치1동에 가장 많은 학원들이 몰려 있다. 대치동 학원가는 특정 과목에 전문화된 단과학원이 잘 발달해 있는 것이 특징. 학부모들도 맞춤교육이 가능한 단과학원을 선호한다. 대치동 학원가가 가장 붐빌 때는 방학기간이다. 지방은 물론 해외에서도 학생들이 찾아오기 때문. 대치동에서는 자녀를 위해서 집을 옮긴 경우를 쉽게 찾아볼 수 있다. 이럴 땐 입시가 끝나면 이사를 나가는 게 대부분이지만 거주하기에도 부족한 점이 없어 그냥 계속 머무르는 사람도 많다.

대형 종합학원이 발달한 '목동' 목동은 종합학원이 활성화되어 있다. 지명도가 높은 학원의 학생수는 천명을 넘기도 하는데 대형학원들은 구로구, 관악구, 영등포구, 서대문구까지 셔틀버스를 운행한다.

특목고 입시학원은 자체 테스트를 거쳐 입학을 허가하기 때문에 들어가는 것조차 쉽지 않다. 처음부터 우수한 학생들이 모여 있어 그만큼 학업열기도 뜨겁고 성과도 좋다.

강북 대표 교육지역 '중계동' 중계동 학원가는 노원구 중계동 은행사거리 일대를 일컫는다. 이곳에 학원가가 형성된 것은 1990년대 초반 은행사거리 일대에 중대형 아파트들이 입주를 시작하면서부터다. 경제적 여력이 있는 입주민들이 늘면서 특목고 입시 대비 학원이 생겨났고 중계동 학원 출신들이 좋은 성적을 내면서 자연스럽게 교육명소로 자리 잡게 됐다. 강북지역 외에도 경기도 구리시, 남양주시, 의정부시에서도 중계동 학원가를 찾고 있다.

85 부동산으로 돈 벌고 싶으면 각종 '기본계획' 확인은 필수!

푸하하, 내가 다 알고 있지!!

돈을 벌려면 어떻게 해야 하죠?

기본계획

언론에서 "~지역이 개발된다"고 하면 집값이 오르는 것은 순식간이다. 대부분의 사람들은 "조금만 빨리 알았더라면…" 하고 무릎을 치게 마련. 그렇다면 개발계획을 미리 알 수는 없을까? 정부와 각 지방자치단체가 공식적으로 내놓은 개발계획을 확인할 수 있는 손쉬운 방법이 있다. 바로 '기본계획'을 확인하는 것이다.

제4차 국토종합계획 수정계획, 제3차 수도권정비계획, 광역도시계획, 도시기본계획, 지구단위계획, 도시 및 주거환경정비 기본계획 등 많은 이름의 기본계획에는 생각보다 자세한 개발계획들이 포함돼 있으므로 향후 5~10년 후의 개발 방향을 가늠해볼 수도 있다.

따라서 부동산에 관심이 많은 사람이라면 시간을 내어 정독해보는 것이 필수!

국토종합계획 국가의 최상위 국토계획이다. 1972년부터 10년을 주기로 수립, 시행되고 있다. 사업의 성질에 따라 국토장기개발사업과 국토보전사업으로 구분되어 있다.

수도권정비계획 수도권에 과도하게 집중된 인구 및 산업의 적정배치를 유도해 수도권의 질서 있는 정비와 균형 있는 발전을 추구하는 계획이다. 수도권정비계획은 수도권 안에서의 다른 법령에 의한 계획에 우선하며, 그 계획의 기본이 된다. 이 계획에서는 수도권을 과밀억제권역 · 성장관리권역 · 자연보전권역으로 구분하며, 각각 행위제한을 정하고 있다.

광역도시계획 인접한 2개 이상 도시의 장기적인 발전전망을 제시하고 이들 도시의 성장관리를 위해 추진하는 계획을 말한다. 이 계획은 인접도시 간 토지이용계획의 통합과 기능분담이 핵심이다. 지방자치단체들은 혐오시설인 쓰레기장이나 하수처리장 등을 공동으로 설치하고 여러 도시에 걸쳐 있는 자연자원을 통합관리한다. 20년 단위로 계획을 수립하고 원칙적으로 변경이 불가능하다.

도시기본계획 도시계획구역에 대해 20년을 단위로 장기도시개발의 방향을 제시하는 계획(5년 단위로 수정 · 변경 가능)이다. 상위계획인 국토종합계획의 지침을 수용 · 발전시키는 계획으로 도시의 인구증가 및 경제 · 산업의 변화를 예측하여 장기적인 발전 방향과 미래상을 제시하면서 도시개발의 방향과 지침을 제시한다.

지구단위계획 도시기능과 미관을 증진시키기 위해서는 모든 지역에 획일적으로 적용되는 기준보다는 지역 특성에 맞는 특수한 기준과 원칙이 필요하다는 취지에서 지난 2000년 7월 도시계획법을 바꿀 때 새로 생긴 도시관리계획을 말한다. 해당 지역 여건에 따라 건축물 높이, 용도, 용적률 등을 제한한다.

도시 및 주거환경정비기본계획 도시기능의 회복이 필요하거나 주거환경이 불량한 지역을 계획적으로 정비하고 노후 · 불량건축물을 효율적으로 개량하기 위하여 특별시장 · 광역시장 · 시장이 10년마다 수립하는 계획. 재개발, 재건축, 주거환경개선사업, 도시환경정비사업 등이 이 기본계획에 근거해 시행된다.

86 가족 간의 부동산 거래를 하고 싶은데요

가족간 부동산 거래는 할 수 있을까, 없을까?

물론 거래상에는 아무 문제가 없다. 그러나 정상적인 거래가 아닌 불법 세금 탈루의 가능성이 있으므로 증빙자료를 명확히 구비해야 한다. 만약 거래 사실을 증빙하지 못할 경우 상속·증여세법 및 소득세법 등을 적용받아 벌금 및 과징금을 추징당할 수 있다.

가족간 거래를 인정받을 수 있는 증빙서류

거래 사실을 인정 받을 수 있는 증빙서류에는 금융기관을 통해 계좌이체한 경우 통장사본, 무통장 입금증 등이며, 대출받은 경우에는 대출계약서, 관련 통장 및 이자불입내역 등이 있다.

정당한 가족간 거래는 불법이 아니지만 '양도세 또는 증여세를 피하기 위해 배우자 또는 직계존비속에게 부동산을 증여하였으나 매매로 위장한 경우'에는 처벌을 받는다. 일반적으로 자녀에게 양도세 감면(또는 비과세) 주택을 증여하고 매매로 위장등기하여 양도세는 감면(또는 비과세) 받고 증여세를 탈루한 경우, 자녀에게 부동산을 시가보다 낮은 가액으로 매도하여 그 차액(시가-대가)을 사실상 증여하고도 증여세 및 양도소득세를 탈루한 경우가 이에 해당한다.

국세청은 양수자 또는 양도자에게 매매대금의 증빙 및 그 자금의 출처를 우편으로 소명 요구하여 제출된 소명자료를 통해 실제 대가지급 여부, 양도가액, 취득자금의 소득원과 자금형성 등을 검토하고 대가없이 증여한 사실이 있었는지를 점검하게 되며, 소명자료 중 정밀 확인이 필요한 경우 세무조사 대상자로 선정하여 조사를 실시한다.

배우자 또는 직계존·비속간 부동산 매매거래는 상속세 및 증여세법에 의하여 그 가액을 배우자, 직계존·비속에게 증여한 것으로 보아 증여세를 결정할 수 있다. 다만, 법원 경매, 국세징수법에 의한 공매, 파산선고에 의한 처분, 대가를 지급받고 거래한 사실이 증빙에 의하여 명백히 확인되는 경우에는 제외된다. 부동산을 매매대금 없이 무상거래한 것으로 확인되는 경우에는 즉시 양수자(수증자)에게 증여세를 부과하고, 매매대금을 수수(유상거래)하였더라도 그 대금이 시가보다 현저히 낮거나 높은 가격인 경우에는 그 차액(시가-대가)에 대해 증여세 또는 양도소득세를 추징한다(가산세 포함).

조상 땅 찾아서 부자되자!

내 땅 찾으면~ 너 다 가져라~!

조상 땅 찾기는 재산관리에 소홀했거나 불의의 사고 등으로 직계존·비속 소유의 토지를 파악할 수 없을 경우 전국 토지를 대상으로 조상이나 본인 명의의 재산을 확인(열람)해주는 제도다.

구분	내용
신청방법	• 주민등록번호로 찾고자 할 경우 행정자치부 시·도 및 시·군·구청 지적부서를 본인 또는 상속인이 직접 방문하여 신청 • 성명으로 찾고자 할 경우 조상이 토지를 소유하고 있을 것으로 추정되는 특별시·광역시·도청 지적부서를 상속인이 직접 방문하여 신청(다만 동일 시·도·관내인 경우는 가까운 시·군·구를 방문 신청해도 FAX를 이용해 자료를 제공받을 수 있음)
구비서류	• 신청자 본인 신분증(주민등록증, 운전면허증) • 개인신청자용 지적전산자료 이용신청서(접수기관 비치) • 가족관계증명서, 제적부(가족관계등록 관서에서 확인이 가능한 경우에는 제출 생략)
수수료	없음
근거 법령	공공기관의 개인정보보호에 관한 법률 제12조제1항(열람청구권)
소관기관	국토해양부 국가공간정보센터 044-201-3492 (단, 개별민원에 대한 문의사항은 접수·처리기관으로 문의해야 함)

'조상 땅 찾기'는 돌아가신 부모, 조부모들의 명의로 된 땅의 지번을 찾아주는 제도로, 토지(임야)대장을 기준으로 최종 소유자가 해당자의 명의로 되어 있는 토지 현황을 조회해주는 제도다. 주로 △과거 조상의 재산이 많았던 경우 △부동산 관련 사업이나 매매를 했던 경우 △조상이 갑자기 사망해 재산 상황을 구체적으로 후손들에게 남기지 못한 경우 등의 사례에 해당하는 사람들에게 유용한 서비스다.

돌아가신 부모나 조부모들의 명의로 된 토지를 알아보려면 해당 자치구의 민원관련 부서나 지적업무 부서를 방문해 재산 상속권자가 신청하면 되는데, 상속권자임을 입증하는 제적부 또는 가족관계증명서를 첨부하여 상속권자임을 입증해야 한다.

뿐만 아니라 본인 명의의 토지 현황도 조회할 수 있는데, 이 경우에는 신분증만 지참하고 시·군·구청 민원실 지적업무 담당부서에 찾아가서 신청하면 된다.

상속세도 크게 걱정할 필요는 없다. 상속공제금액이 피상속인의 배우자가 있는 경우에는 10억 원, 배우자가 없는 경우에는 5억 원으로 정해져 있으므로 이 금액 이하라면 상속세를 낼 필요가 없기 때문이다. 만약 이 금액을 초과하는 경우에는 과세표준금액에 따라 10~50%의 세율이 적용된다.

억울하게 낸
세금 돌려주세요~

억울하게 세금을 많이 냈거나 내야 하는 경우 여러 권리구제절차를 이용해 억울함을 해소할 수 있다.

● 우선 '납세자보호담당관제도'를 이용할 수 있다. 이 제도는 납세자의 권익을 실질적으로 보호하기 위해 도입한 것으로 납세자는 국세청에서 담당하는 모든 세금과 관련된 애로 및 불편사항에 대하여 고충을 청구할 수 있다.

● 세금 고지 전에는 과세전적부심사제도를 이용하면 된다. '과세전적부심사제도'는 세무조사(업무감사 및 세무조사 파생자료의 처리 포함) 후 과세할 내용을 미리 납세자에게 알려준 다음 납세자가 그 내용에 대하여 이의가 있을 때 심결과 납세자의 주장이 타당하면 세금을 고지하기 전에 자체적으로 시정하여 주는 제도다.

● 세금 고지 후에는 세무서 또는 지방 국세청에 제기하는 '이의신청', 국세청에 제기하는 '심사청구', 국무총리실 조세심판원에 제기하는 '심판청구', 감사원에 제기하는 '감사원 심사청구', 행정소송법에 의하여 법원에 제기하는 '행정소송' 등을 이용할 수 있다.

세금 관련 권리구제제도의 활용 절차는 다음과 같다.

'납세자보호담당관제도'를 활용하는 방법은 간단하다. 집이나 사업장에서 일반 유선전화로 국번 없이 126번→5번을 누르면 관할 세무서 납세자보호담당관과 연결돼 상담받을 수 있다. 고충청구는 형식에 제한이 없다.

'과세전적부심사제도'를 청구하려면 세무조사결과통지서 또는 과세예고통지서를 받은 날로부터 30일 이내에 통지서를 보낸 당해 세무서장·지방국세청장에게 청구서를 제출해야 한다.

세금이 고지된 후에는 1단계로 이의신청·심사청구·심판청구·감사원 심사청구 등을 통해 권리 구제받을 수 있다. 단, 1단계 절차에서 구제받지 못한 경우에는 2단계로 법원에 행정소송을 제기할 수 있다.

또 세금이 고지된 이후의 구제절차는 반드시 고지서 등을 받은 날 또는 세금부과 사실을 안 날로부터 90일 이내에 서류를 제출해야 하며, 1단계 절차에서 권리구제를 받지 못하여 행정소송을 제기하고자 하는 경우에는 결정통지서를 받은 날(또는 결정의 통지를 받기 전이라도 그 결정기간이 지난날)로부터 90일 이내에 서류를 제출해야 한다.

만약 이 기간을 지나서 서류를 제출하면 아무리 청구이유가 타당하더라도 '각하(적법한 소송요건을 갖추지 않았다고 하여 사건을 심리해보지도 않고 배척하는 것을 말함)' 결정을 하므로 청구기간은 반드시 지켜야 한다.

89 국민주택채권이 뭔가요?

제1종 국민주택채권 매입기준

매입대상	시가표준액	매입금액	
		특별시 광역시	기타지역
주택	가) 2,000만 원 이상~5,000만 원 미만	1.3%	1.3%
	나) 5,000만 원 이상~1억 원 미만	1.9%	1.4%
	다) 1억 원 이상~1억 6,000만 원 미만	2.1%	1.6%
	라) 1억 6,000만 원 이상~2억 6,000만 원 미만	2.3%	1.8%
	마) 2억 6,000만 원 이상~6억 원 미만	2.6%	2.1%
	바) 6억 원 이상	3.1%	2.6%
토지	가) 500만 원 이상~5,000만 원 미만	2.5%	2.0%
	나) 5,000만 원 이상~1억 원 미만	4.0%	3.5%
	다) 1억 원 이상	5.0%	4.5%
주택과 토지외의 부동산	가) 1,000만 원 이상~1억 3,000만 원 미만	1.0%	0.8%
	나) 1억 3,000만 원 이상~2억 5,000만 원 미만	1.6%	1.4%
	다) 2억 5,000만 원 이상	2.0%	1.8%
상속 (증여 그 밖의 무상으로 취득하는 경우를 포함한다)	가) 1,000만 원~5,000만 원	1.8%	1.4%
	나) 5,000만 원~1억 5,000만 원 미만	2.8%	2.5%
	다) 1억 5,000만 원 이상	4.2%	3.9%

주택을 구입할 때 접하게 되는 국민주택채권은 1종과 2종으로 나누는데 1종 채권은 주택 소유권을 보존 또는 이전할 때 매입한다. 또 2종 채권은 공공택지에 공급되는 전용면적이 85㎡를 초과하는 분양가상한제 주택을 공급받을 때 매입한다.

공동주택 소유권이전 시 국민주택채권 매입기준은 주택법 시행령 제95조제1항 별표12의 규정에 의해 '시가표준액'으로 정하고 있으며, 공동주택의 시가표준액은 국토교통부에서 고시하는 공동주택가격을 말한다. 다만, 시가표준액이 고시되어 있지 않은 신규분양주택의 경우에는 분양가격을 기준으로 국민주택채권을 매입해야 한다.

국민주택채권은 현재 우리은행, 농협, 신한은행, 하나은행, 기업은행 등 5개 시중은행에서 취급하고 있으며, 채권을 즉시 매도할 때 본인부담금 산정내역은 각 은행 홈페이지에서 확인할 수 있다. 단, 매일 매일의 채권수익률에 따라 본인부담금도 달라지게 된다.

한편, 안정성과 투자성을 모두 갖춘 국민주택채권이 목돈투자의 틈새시장으로 떠오르고 있다. 국민주택채권 중 2종 채권의 경우 이자소득세(15.4%)가 없어 절세를 원하는 투자자들에게 큰 호응을 얻고 있는 것이다.

2종 채권은 지난 1999년 채권입찰제 폐지로 발행을 중단했다가 지난 2006년 2월 판교 입찰 당시 부활했으며, 만기가 짧은 할인채 수요는 더욱 증가하고 있다. 만기는 10년으로 세후수익률을 감안한 은행예금 금리로 환산할 경우 수익률은 연 평균 8.5%에 달하며 국가에서 발행한 만큼 위험 부담이 없는 장점이 있다.

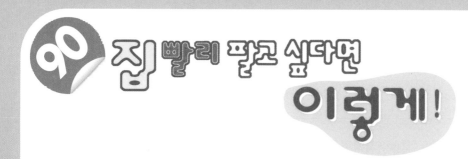

90. 집 빨리 팔고 싶다면 이렇게!

집 빨리 팔기 노하우 전격 대공개!

하나.	사소한 부분도 업그레이드하라
둘.	과거에 집착하지 말고 냉정하게 판단하라
셋.	집은 여러 곳에 내놓는다
넷.	중개업소와 친해져야 한다
다섯.	집의 좋은 점을 적극 알려라

사소한 부분도 업그레이드하라

우선 해야 하는 일은 집정리와 청소이다. 만약 주방이나 화장실의 타일, 창문 틈 등 묵은 때를 벗겨 내는 것이 힘들다면 청소용역업체를 이용하는 것도 방법이다. 출입문에 디지털 도어락을 설치하거나 주방가구의 손잡이, 문고리를 새 것으로 교체하면 다른 집과 차별화될 수 있다. 현관에는 방향제를 두어 집에 들어섰을 때 상쾌한 기분이 들 수 있도록 하고, 변기나 세면대 교체도 고려해 볼 만하다.

과거에 집착하지 말고 냉정하게 판단하라

집을 빨리 팔고자 한다면 과거의 시세에 집착해서는 안 된다. 집값이 비쌌던 시기를 생각하고 높은 가격을 고수하면 집은 절대 팔리지 않는다. 우선 주위에 나와 있는 매물과의 비교를 통해 적정 가격을 산출하고 매수자의 입장이 되어 '끌릴 만한' 가격으로 내놓는 것이 집을 빨리 팔 수 있는 지름길이다.

집은 여러 곳에 내놓는다

중개업자들은 흔히 여러 곳에 집을 내놓으면 더 손해라고 말을 하지만 급매물일수록 공동중개를 잘 안 하는 경향이 있기 때문에 이것이 더 빨리 처분될 가능성이 높다. 물론 온라인도 적극 활용할 필요가 있다.

중개업소와 친해져야 한다

매도자가 중개업소를 방문했을 때 어느 집을 보여줄 것인가에 대한 것은 전적으로 중개업소 마음이다. 그러므로 틈나는 대로 방문해서 친분을 유지하고 자신의 집에 대한 장점을 지속적으로 설명해주는 것이 좋다. "매도와 매수를 모두 이곳에서 하겠다"라든가 "친구가 이 근처에 집을 알아보고 있는데…"라며 더 많은 이득을 줄 수 있다는 느낌을 주는 것도 괜찮다.

🏃 집의 좋은 점을 적극 알려라

학군, 도로·교통, 편의시설, 호재, 조망권 등 자신의 집이 가진 장점을 적극적으로 소개해야 한다. 또 세대주나 세대원 또는 전 거주자가 잘 풀린 구체적인 사례(일류대학 입학, 사시 합격 등)가 있다면 매수자에게 알려 집에 대한 좋은 인상을 남기는 것도 권할 만하다.

렌트푸어가 모르는 내 집 마련 비결

국토교통부에 따르면 지난 9월 전월세 거래 가운데 39.2%가 월세 계약인 것
으로 조사됐습니다. 요즘 수도권 아파트 재고 전세물건의 70% 정도는 기존
세입자와 재계약을 합니다. 이중 절반은 집주인의 요구로 오른 전세금만큼
월세로 내는 반전세, 나머지 절반은 5천만 원 안팎 전세금을 올려 재계약
하고 있습니다. 나머지 30%는 대부분 보증부 월세로 바뀌고 있습니다.

이제 월세시대가 가속화되고 있습니다. 월세시대는 돌이킬 수 없는 대세입
니다. 집주인들은 저성장 초저금리 시대를 맞아 수익이 낮은 전세보다 수익
이 높은 월세를 돌아서고 있습니다. 투자수요도 '전세 끼고 아파트를 사는
시대' 가 줄어들고 '월세 끼고 아파트를 사는 시대' 가 오고 있습니다. 따라서
전셋값이 폭등하고 전세보증금 마련을 위해 빚을 늘리는 '렌트푸어' 가 늘어
나고 있습니다.

사실 렌트푸어의 선택은 많지 않습니다. 전세대출을 받아 재계약을 하거나
아니면 전세금에 맞는 아파트로 이주하는 전세난민이 될 수밖에 없습니다.
현실을 직시하세요. 내 집 마련을 하려면 우선 다운사이즈 하세요. 물론 큰
집에 전세 살다가 작은 내집에 살기는 쉽지 않습니다. 하지만 4인 기준으로
전용면적 18평 이하 아파트를 구입하세요. '작은 것이 아름답다' 는 발상의

전환이 필요합니다. 주택의 평수를 줄이면 장점이 많습니다. 우선 대출이자 부담이 줄어듭니다. 또 주택규모에 맞게 짐을 정리함으로써 자연스럽게 합리적인 소비를 할 수 있습니다.

구입하려는 아파트 지역에 대해서도 유연성 있게 대처하세요. 내 집 마련을 하면서 너무 선호하는 지역에 고집할 필요가 없습니다. 자녀들이 있으면 학군을 신경 쓰지 않을 수 없겠지요. 하지만 그것도 어디까지나 부차적인 문제라고 생각해야 합니다. 통근하는데 1시간이 넘지 않는다면 지역에 구애받지 말고 과감히 매입하세요. 구입하는 아파트는 새 아파트가 좋습니다. 그 이유는 특히 수도권의 경우 입주물량이 갈수록 줄어들어 새 아파트에 대한 희소가치가 높아지기 때문입니다. 미분양 아파트도 적극적으로 발굴할 필요가 있습니다. 분양가가 비싸 미분양이 됐을 경우 집값이 오르거나 주변환경이 개선돼 극복될 수 있다면 과감히 매입할 필요가 있습니다. 자금사정만 된다면 분양권은 아주 좋은 내 집 마련 대상입니다. 또 입주 2년, 4년차로 양도소득세 비과세 혜택을 받고 나오는 새 아파트도 적극 노릴 만합니다.

만약 당신이 장기적인 안목에서 내 집 마련을 한다면 사업단계가 사업시행인가 전후에 있는 재건축단지로 내 집 마련해도 좋습니다. 불편하지만 들어가 살다 재건축 후 새 아파트에 입주하는 기쁨은 말할 수 없이 큽니다. 다만 적어도 5년 이상을 내다봐야 합니다. 주택규모를 최대한 작게 하고, 지역도 유연성 있게 대처하고, 새 아파트를 사고 싶다면 과연 어떤 아파트를 사면 될까요? 반드시 수요층이 풍부한 지역의 아파트를 구입해야 합니다. 지속적으로 수요가 늘어나는 지역의 아파트를 사야 합니다. 저성장 주택 수요부족 시대에 더더욱 중요해지는 내 집 마련 원칙입니다.

수요층이 증가하는 지역으로는 대표적으로 기업 입주로 상주인구가 늘어나는 곳입니다. 마곡지구, 광교신도시, 판교신도시 등이 바로 그런 곳입니다.

소득이 높은 상주인구가 늘어남으로써 주택 수요층이 늘어나고 지역경제력이 높아집니다. 쉽게 말해 돈이 몰리게 됩니다. 또 지하철 개통과 같은 개발 호재가 있는 지역의 아파트입니다. 수도권으로 보면 서울지하철 9호선이나 신분당선 연장구간 역세권 단지가 대표적입니다. 서울 도심 또는 강남권 접근성이 크게 좋아지면서 전월세 수요는 물론 매매수요가 지속적으로 늘어나는 곳입니다. 수요가 늘어나고 있지만 일시적으로 공급물량이 많은 곳도 노릴 만합니다. 대표적인 곳인 세종시나 동탄2신도시입니다. 일시적으로 분양권 또는 입주예정물량이 많아 일시적으로 시세가 약세일 때 분양권을 적극적으로 매수할 필요가 있습니다. 월세시대에 시대를 거슬러 전세대출을 받으면서까지 전세를 고집하는 것은 바람직하지 않습니다. 주거비 부담이 갈수록 늘어나 고통만 늘어납니다.

모든 게 처음이 힘듭니다. 첫 내 집 마련을 하면 시간이 흘러 자연스럽게 갈아타기도 하고 미래가치가 높은 아파트를 고를 수 있는 안목도 생길 것입니다. 좁더라도, 직장에서 다소 멀더라도 내 집에서 맘 편히 두발을 쭉 뻗고 자는 게 낫지 않을까요?

200자 촌철살부

분양아파트 사려면… 이것만은!

우선 단지외부가 건설회사가 말한 대로 가능할지, 해당기관에서 직접 확인한다. 무엇보다 교통, 교육, 편의시설, 주변환경은 생활하는 데 매우 중요하니 말이다. 다음으로 단지내부가 건설회사가 말한 대로, 시공될지를 반드시 계약서에 기재한다. 물론 당신의 걱정거리가 될 내용도 계약서에 포함한다. 만약 계약서에 기재할 수 없다면, 사지 않으면 그만이다.

최저주거기준을 아십니까?

4인 가족 기준 최저주거면적은 얼마일까?

국토교통부에 따르면 4인 가족이 거주하기 위해서는 최소한 43㎡가 필요하다. 이는 '최저주거기준'에 의한 것으로, 최저주거기준이란 국민이 쾌적하고 살기 좋은 생활을 영위하기 위하여 필요한 최소한의 기준을 설정·공고한 것(주택법 제5조의2)이다.

최저주거기준에는 가구구성별 최소 주거면적, 용도별 방의 개수, 전용부엌·화장실 등 필수설비 기준, 주택의 구조·성능 및 환경기준을 다음과 같이 제시하고 있다.

가구구성별 최소면적 및 용도별 방의 개수

가구인원 수(인)	표준 가구 구성	실(방) 구성	총 주거면적(㎡)
1	1인 가구	1K	14
2	부부	1DK	26
3	부부+자녀1	2DK	36
4	부부+자녀2	3DK	43
5	부부+자녀3	4DK	46
6	노부모+부부+자녀2	5DK	55

* K는 부엌, DK는 식사실 겸 부엌을 의미하며, 숫자는 침실(거실 겸용 포함) 또는 침실로 활용이 가능한 방의 수를 말함.

최저주거기준은 말 그대로 국민이 쾌적하고 살기 좋은 생활을 하기 위한 최소한의 기준이다.

이는 주택법 제5조의2 및 제5조의3에 근거하고 있는데, 동법 제5조의3에는 국가 또는 지방자치단체는 최저주거기준에 미달되는 가구에 대하여 우선적으로 주택을 공급하거나 국민주택기금을 지원하는 등 혜택을 줄 수 있도록 하고, 국가 또는 지방자치단체가 주택정책을 수립·시행하거나 사업주체가 주택건설사업을 시행하는 경우에는 최저주거기준에 미달되는 가구를 줄이기 위하여 노력해야 한다고 규정하고 있다.

그러나 최저주거기준에도 못 미치는 환경에서 살고 있는 거주자는 여전히 많은 상황이다. 지난 2012년 인구·주택 총 조사 결과에 따르면 우리나라의 최저주거기준 미달가구는 총 128만여 가구로 전체 가구의 7.2%에 달하는 것으로 나타났다. 이것은 선진국들에 비해 여전히 열악한 수준에 해당한다.

이에 따라 수도권 그린벨트에 서민용 보금자리주택을 건설하는 것 외에 저소득층을 위한 장기공공임대주택 공급을 늘려 최소한의 주거 권리라도 누릴 수 있게 해줘야 한다는 주장이 갈수록 힘을 얻고 있다.

입주자모집공고

기타우의사항은 꼭 확인하라!

모델하우스

2015년 지하철 개통!
초고속정보통신인증 특등급!
무제한 전매 가능!

다 설명 못드리니까
집에 가서 천천히
읽어보세요

이건
뭔가요?

모델하우스에 가면 나눠주는 분양카탈로그는 꼼꼼하게 봤지만
아파트 입주자모집공고는 아직 본 적이 없다면?
지금이라도 늦지 않았다. 어느 아파트건 상관없으니
입주자모집공고 맨 마지막 부분을 살펴보도록 하자.

아파트 입주자모집공고의 맨 마지막 부분은 대개 참고사항이나 유의사항이 기재돼 있다.
그 내용 중에는 도로확장계획이나 공원설치계획 등 유용한 정보가 포함되기도 하지만 하
수종말처리장, 소각시설, 묘지 등 기피시설에 대한 정보도 포함하고 있으므로 유심히 살
펴볼 필요가 있다.

- ○○동 인근에는 도시가스 공급시설이 설치될 것이며, 입주자는 이의를 제기할 수 없습니다.
- ○○동 인근에는 옹벽이 설치될 예정으로 일조권을 침해받을 수 있습니다.
- 시공 중 문화재 발굴이 필요한 유적이 발굴될 시 발굴 문화재 처리에 따른 소요기 간으로 인해 입주가 지연될 시 이의를 제기할 수 없습니다.
- 시행자 간의 협의 및 기타 사정으로 시행자가 향후 변경될 수 있으며, 변경 시 입 주자(당첨자 등 포함)는 이의를 제기할 수 없습니다.
- 주변 단지 신축으로 인한 건축사항, 단지 내 시설물의 변경, 향·층에 따라 일조 권, 환경권, 도로소음 발생 등 환경권이 침해될 수 있습니다.

위의 내용은 실제 아파트 입주자모집공고에 실려 있는 내용 중 일부를 발췌한 것이다. 일반적으로 아파트 입주자모집공고에는 아파트의 위치, 규모, 분양가, 모집일정, 청약접수방법, 유의사항 등이 게재되지만 건설사들은 정작 입주자 에게 민감한 내용의 경우 기타유의사항에 슬쩍 올려놓고 굳이 설명해주지 않 는 것이 일반적이다. 게다가 화려한 미사여구와 여러 가지 그림, 지도, 사진 등 으로 청약 예정자의 눈길을 사로잡는 분양카탈로그와는 달리 아파트 입주자모 집공고는 깨알 같은 글씨와 복잡해 보이는 표가 전부여서 청약자들은 자칫 기 타유의사항을 읽어보지 못한 채 청약하게 된다.

그러나 건설사는 기타유의사항에 문제가 될 만한 소지의 내용들을 모두 밝혀 두었기 때문에 나중에 민원을 제기하면 받아들여지지 않는 경우가 많다. 따라 서 기타유의사항은 반드시 미리 확인해 두고 추후 집값에 영향을 줄 수 있는 요 인이 있을 경우 계약을 신중히 고려하는 것이 좋다.

전용면적 85㎡가 뭐길래...

기준보다 크면 왼쪽 작으면 오른쪽, 헤쳐 모여!

기준!

105㎡

85㎡

65㎡

전용면적 85㎡

'로또'라고 불릴 만큼 인기를 얻었던 위례신도시 사전예약에서 가장 인기를 얻었던 타입은 전용면적 84㎡였다. 3자녀 특별공급에서 34가구 모집에 2,622명이 신청해 77.1대 1의 경쟁률을 보인 것. 그렇다면 전용면적 84㎡에 왜 그렇게 많은 사람이 몰렸을까?

이유는 보금자리주택으로 공급되는 주택 중 가장 큰 전용면적을 가진 주택이 84㎡ 타입이었기 때문이다. 보금자리주택은 서민주거 안정을 위해 보급되고 있어 국민주택기금을 지원받아 건설할 수 있는 전용면적 85㎡ 이하로 건설되고 있다.

일반적으로 전용면적 85㎡는 4인 가족을 초과하는 대가족이 아닌 이상 살기에 불편함이 없을 정도를 의미한다. 그런 까닭에 각 언론에서도 전용면적 85㎡를 초과하는지 아닌지에 따라 중소형아파트와 중대형아파트로 구분하기도 한다.

'국민주택'의 사전적 정의는 '국가가 무주택자들에게 싼값으로 임대·분양하기 위하여 국민은행이나 지방자치단체, 농업협동조합 등에서 조달하는 자금으로 짓는 주택'이다. 쉽게 말해 주택구입능력이 취약한 일반 서민을 대상으로 정부가 정책적으로 건설하는 주택을 의미한다.

정확한 기원을 알 수는 없지만 정부가 정한 국민주택 규모는 전용면적 85㎡ 이하의 주택을 말하는데 '국민에게 가장 보편적이고 표준적인 주택, 국민이면 누구나 이 정도의 집은 가져야 한다는 지표를 제시하는 주택'으로 이해하면 된다.

그렇기 때문에 국민주택 규모는 모든 주택정책의 기준이 되고 있다. 우선 전용면적 85㎡ 이하는 국민주택기금의 지원 대상이 된다. 국민주택규모에서 0.1㎡라도 초과하는 경우 이용이 불가능한 것이다.

최근 많은 인기를 얻고 있는 보금자리주택의 공급 규모 역시 전용면적 85㎡ 이하이며, 연말정산에서 주택구입자금의 이자에 대한 소득공제 역시 전용면적 85㎡ 이하 주택만을 대상으로 하고 있다. 또 분양가상한제의 기준 역시 전용면적 85㎡ 이하 주택을 기준으로 나뉜다.

➕ 플러스TIPS

국민주택의 역사
1981년 4월 주택법을 개정하여 국민주택기금을 별도로 설치하면서 국민주택 공급을 위한 국가적 주택금융체제가 갖추어졌으며, 국민주택 공급을 위한 재원조달과 원활한 주택공급을 위해 국민주택 청약제도를 실시하게 된 것도 이때부터다.

정원이 있는 집, 테라스하우스 주목!

테라스하우스

vs.

일반아파트

특별한 디자인, 넓은 실외 공간을
원한다면?

천편일률적인 디자인의 주택시장에서 테라스하우스가 새로운 틈새상품으로 급부상하고 있다. 테라스하우스는 주변 자연경관과 조화를 잘 이룰 수 있을 뿐만 아니라 넓은 실외공간 확보가 가능해 쾌적한 주거공간을 원하는 수요자들에게는 안성맞춤. 또 유사 주택형의 아파트 발코니에 비해 두 배 이상 넓은 정원을 갖추었고, 구릉지가 아니면 들어설 수 없는 특성 때문에 희소성도 높다.

> **사례**
>
> 불과 얼마 전만 해도 정원이 넓은 단독주택을 갖는 것이 꿈이었던 주부 한소망씨. 하지만 최근 이사 온 테라스하우스에서는 그것에 버금가는 만족을 느끼고 있다.
>
> 다른 아파트보다 두 배 이상 넓은 베란다에는 꽃과 나무를 심었고, 미니 티테이블에서는 책도 읽고 휴식도 취하면서 남부럽지 않게 지내고 있기 때문이다. 무엇보다 단독주택보다 저렴한 값에 구입을 할 수 있었을 뿐만 아니라 아파트 단지라서 편의시설이 풍부한 점도 마음에 든다.
>
> 게다가 테라스하우스에 대한 관심이 높아지기 시작하면서 집값이 오르고 있어 주위의 부러움을 한 몸에 받고 있다.

참고로 2013년 9월 위례신도시에서 분양된 위례아이파크1차 테라스하우스(전용 128㎡, 3가구)는 1년 전매제한이 해제된 후 프리미엄이 1억 원 넘게 붙기도 했다.

상가투자
어떻게 해야 할까요?

DBS3TV 미니시리즈

상가왕
금상구

상가 투자 비법
대공개!

황금 금[金], 장사 상(商), 구할 구[求]

상가투자 체크리스트	**하나.** 자신이 잘 아는 지역에 투자하라
	둘. 사람들이 모이는 곳을 노려라
	셋. 개발계획이 있는 지역의 상가를 노려라
	넷. 구매력이 있는 수요층을 확인하라
	다섯. 대형할인점이나 백화점 인접 지역은 피한다

자신이 잘 아는 지역에 투자하라 : 상가에 투자하기 위해서는 기본적으로 상권 분석이 필요하다. 전문가에게 의뢰하는 방법이 있긴 하지만 무조건적인 신뢰를 하기 보다는 자신이 거주하고 있는 지역, 인근 지역, 잘 아는 지역을 위주로 투자하는 것이 좋다.

사람들이 모이는 곳을 노려라 : 유동인구가 어느 정도인지는 상가 수익에 막대한 영향을 미친다. 따라서 지하철역, 버스정류장 인근 상가를 사거나 업무 밀집지역, 학교 인근, 대단지 근처 상가가 좋다.

개발계획이 있는 지역의 상가를 노려라 : 상가도 주택과 마찬가지로 미래가치가 중요하다. 당장의 이익도 무시할 수 없지만 몇 년 후 미래가치가 더 큰 이익으로 돌아오는 경우도 많다. 하지만 각종 개발계획은 사업지연에 따른 위험부담이 있으므로 이 부분을 충분히 감안해야 한다.

구매력이 있는 수요층을 확인하라 : 단지 내 상가나 아파트 인근에 상가투자를 할 경우에는 중소형 아파트 비중이 높은 곳이 좋다. 이들은 자녀가 비교적 어리거나 맞벌이를 할 가능성이 높아 가까운 곳에서 구매를 하는 특성을 갖고 있는 반면 대형 평형이 주를 이루는 경우에는 경제적·시간적 여유가 많기 때문에 단지 인근 상가 이용이 제한적인 경우가 많다.

대형 할인점이나 백화점 인접 지역은 피한다 : 주변에 대형할인점이나 백화점이 입점해 있다면 투자를 피하는 것이 좋다. 가격경쟁에서 불리하기 때문이다. 또 대형할인점이나 백화점은 원스톱 쇼핑이 가능하기 때문에 편리함을 선호하는 수요자들을 끌어들이기 쉽지 않다.

1가구 2주택이 1주택으로 인정받는 경우?

본인 명의와 아내 명의의 주택을 각 한 채씩 소유하고 있던 이주택씨.
최근 주택 한 채를 매매했지만 1주택으로 인정받아
양도세를 한 푼도 내지 않았다.
이처럼 실제 주택 두 채를 소유하고 있지만 2주택이 아닌
1주택으로 인정받는 경우에 대해 더 알아보자.

일시적 1가구 2주택인 경우

일시적 1가구 2주택으로 인정받으려면 첫째, 종전 주택을 구입한 후 1년이 지나서 새 주택을 사야 한다. 둘째, 새 주택을 산 뒤 3년 이내에 종전 주택을 팔아야 한다. 이 두 가지 요건을 충족하면 일시적 1가구 2주택으로 인정받는다.

주택 수에 포함되지 않는 경우

1가구 1주택자가 1주택을 소유하고 있는 만 60세 이상의 부모를 봉양하기 위해 집을 합칠 경우 5년 이내에 한 채를 팔면 1가구 1주택으로 간주된다(배우자 부모 포함, 부모 한 분이 60세 이상이면 가능).

1주택을 소유한 사람이 1주택을 소유한 배우자와 결혼해 2주택이 된 경우, 5년 이내에 1주택을 양도하면 1가구 1주택으로 본다. 주택 소유권에 관한 소송이 진행 중이거나 소송 결과로 취득한 주택은(소송 확정 판결 후 3년 이내인 경우) 주택 수에 포함되지 않는다.

또한 세대 구성원 일부가 취학, 근무상 형편, 질병 요양 및 기타 부득이한 사유로 다른 시, 군으로 주거를 이전하고자 주택을 취득하는 경우에는, 주택으로 간주하지 않는다(단, 취득당시 기준시가 합계약이 3억 원을 초과하지 않고, 취득 후 1년 이상 거주하며, 당해 사유가 해소된 날로부터 3년 안에 처분할 경우에 해당).

귀농자가 취득해 거주하는 귀농주택은 주택으로 보지 않는다. 단, 귀농주택이 연고지에 소재하고, 고가주택이 아니며, 대지 면적이 660㎡ 이내여야 한다.

자세한 내용은 국세법령정보시스템(http://taxinfo.nts.go.kr)의 '조문별 정보'에서 소득세법 시행령 제155조와 167조를 살펴보면 된다.

소액임대차보증금 변천사

소액임대차보증금 및 최우선변제액 변천사

담보물권 설정일	지역	소액보증금 범위	최우선변제액 범위
1984.1.1~1987.11.30	특별시, 광역시	300만 원 이하	300만 원 이하
	기타 지역	200만 원 이하	200만 원 이하
1987.12.1~1990.2.18	특별시, 광역시	500만 원 이하	500만 원 이하
	기타 지역	400만 원 이하	400만 원 이하
1990.2.19~1995.10.18	특별시, 광역시	2,000만 원 이하	700만 원 이하
	기타 지역	1,500만 원 이하	500만 원 이하
1995.10.19~2001.9.14	특별시, 광역시	3,000만 원 이하	1,200만 원 이하
	기타 지역	2,000만 원 이하	800만 원 이하
2001.9.15~2008.8.20	수도권중 과밀억제권역	4,000만 원 이하	1,600만 원 이하
	광역시(군지역,인천 제외)	3,500만 원 이하	1,400만 원 이하
	기타 지역	3,000만 원 이하	1,200만 원 이하
2008.8.21~2010.7.25	수도권중 과밀억제권역	6,000만 원 이하	2,000만 원 이하
	광역시(군지역,인천 제외)	5,000만 원 이하	1,700만 원 이하
	기타 지역	4,000만 원 이하	1,400만 원 이하
2010.7.26~2013.12.30	서울특별시	7,500만 원 이하	2,500만 원 이하
	수도권중 과밀억제권역	6,500만 원 이하	2,200만 원 이하
	광역시(군제외), 안산시, 용인시,김포시 및 광주시	5,500만 원 이하	1,900만 원 이하
	기타 지역	4,000만 원 이하	1,400만 원 이하
2014.1.1~현재	서울특별시	9,500만 원 이하	3,200만 원 이하
	수도권중 과밀억제권역	8,000만 원 이하	2,700만 원 이하
	광역시(군제외), 안산시, 용인시, 김포시 및 광주시	6,000만 원 이하	2,000만 원 이하
	기타 지역	4,500만 원 이하	1,500만 원 이하

순위 설정에 상관없이 다른 담보물권자(근저당, 담보가등기 등)보다 우선하여 변제를 받을 수 있는 임차인, 이른바 소액임차인의 보증금 범위는 1984년에 소액임차인보호제도를 첫 도입한 이후 2014년 1월까지 모두 7차례 상향돼 왔다.

소액임차인보호제도를 도입한 초창기를 제외하고는 통상 5~7년 주기로 소액임차인 범위 확대 관련하여 주택임대차보호법이 개정돼 왔다. 다만 최근 주택시장 침체와는 반대로 전세가격이 급등하자 서민들의 전세보증금에 대한 일정액 보호가 미흡하다는 판단아래 관련 법령 개정을 통해 2008년 8월 소액보증금 범위를 확대한 뒤 불과 2년 만에 또다시 소액보증금 범위가 대폭 상향됐다. 그만큼 전세시장이 불안하다는 방증이기도 하다.

소액보증금 확대로 서울특별시 기준 9,500만 원 이하 임차인의 경우 유사(경매, 공매처분 등) 시 소액임차인으로서 보호를 받게 돼 이 중 3,200만 원을 다른 담보물권자보다 우선하여 변제(이른바 최우선변제)를 받게 된다.

그렇다고 모든 소액임차인이 최우선변제를 받을 수 있는 것은 아니다. 소액임차인으로서 최우선변제를 받으려면 우선 임차인이 경매개시결정등기 전에 대항요건(전입신고 등)을 갖추어야 하고 배당요구종기까지 대항력을 유지해야 하고, 이 기간내 반드시 배당요구를 해야 한다. 보증금 9,500만 원에서 최우선변제가 되는 3,200만 원을 뺀 나머지 6,300만 원에 대한 우선변제권도 행사하려면 임대차계약서에 확정일자를 받아두어야 하는 것은 물론이다.

98 분양권 전매 시 주의사항

추위와 함께 얼어붙은 재고주택시장과는 달리

분양시장은 여전히 뜨겁다.

최근 위례자이에 6만2,670명이 몰린 데에서 나타나듯
인기 지역이나 단지를 중심으로 청약경쟁률은 치솟고 있다.

덩달아 분양권 전매시장도 들썩이는데 전매시 주의사항을 알아보자.

과연 적법한 전매인가

분양계약을 하기 전까지 전매는 매도자가 발급받은 당첨권을 매수자에게 팔고 프리미엄을 받는 식으로 이뤄진다. 분양계약을 마친 후엔 매도자는 신분증과 분양계약서를 지참, 매수자와 매매계약서를 작성하고 분양회사에서 분양계약서의 명의를 변경하면 된다. 떴다방은 불법업소이므로 중개업소에서 거래하는 것이 안전하며 탈세를 목적으로 한 다운계약서도 적발 시 불이익을 받게 되므로 주의해야 한다.

전매 시엔 반드시 진정한 분양권자를 확인해야 하는데 분양회사, 조합, 시공사, 분양대금을 받은 금융기관 등에서 알 수 있다.

계약서 작성 시 유의사항

분양금액, 옵션 및 프리미엄 비용을 기재하고 계약금액, 중도금 대출승계금액, 잔금을 정확히 확인한다. 매도자가 중도금을 연체했다면 연체된 중도금과 이자를 누가 부담하는지 계약서에 분명하게 작성한다.

투자를 위한 전매라면

분양당시 청약경쟁률이 높은 단지는 그만큼 미래가치가 있다고 판단되므로 초반 프리미엄이 높게 형성된다. 따라서 초반에 전매하게 되는 경우 매수자는 다소 비싼 가격에 사게 될 수도 있다. 반대로 매도자는 초반에 과도한 욕심을 부려 매도 타이밍을 놓치면 가격 거품이 빠진 후 낮은 가격으로 팔 수밖에 없다는 점을 명심하자.

또 청약 단지의 미래가치를 알기 위해서는 발품을 팔아 인근 단지 개발정보나 시세를 파악해야 하고 모델하우스를 방문해 설명을 듣는 것이 좋다.

99 법무사 없이 셀프등기에 도전!

주택 매수계약 후 잔금을 치르고
가장 먼저 할 일은 매수한 주택을 내 명의로 바꾸는 일이다.

즉 소유권 이전등기다. 이전등기는 대부분 법무사를 통한다.
하지만 법무사 없이 셀프등기를 할 수도 있다.
셀프등기를 하면 적게는 수십만 원에서 많게는 수백만 원에 달하는
대행수수료를 아끼는 동시에 성취감도 맛볼 수 있다.

셀프등기 절차는 다음과 같다.

하나 **소유권 이전에 필요한 서류를 준비한다.**

매도자로부터 인감증명서(매도인), 등기필증, 매도인 주민등록초본 1통(등기부등본상 주소 포함)을 받는다. 관련 서류는 가급적 잔금지급일에 받도록 한다.

매수자는 매수인주민등록등본, 도장, 소유권이전등기신청서와 위임장(인터넷등기소 http://www.iros.go.kr 자료센터에서 내려받기), 토지대장, 건축물대장등본, 대지권등록부(민원24시 사이트 http://www.minwon.go.kr), 부동산거래계약신고필증(부동산 제공)을 준비한다.

둘 **준비한 서류를 들고 매수지 소재 구청에 취득세 신고를 한다.**

이때 취득세신고서(구청 비치), 매매계약서, 부동산거래계약신고필증을 구비한다. 서류를 접수하고 취득세 고지서를 받는다.

셋 **고지된 취득세를 은행에 납부하고 국민주택채권을 매입한다.**

채권은 보통 매입 동시에 은행에 할인율을 적용해 되판다. 소유권이전등기 수입인지(15만 원)와 등기수수료 수입증지(1만 5천 원)도 함께 구입한다.

🏃 취득세 납부 후 소재지 등기소로 간다.

등기소에는 원칙적으로 매도인과 매수인이 함께 가야 하지만 보통 매수인이 매도인의 위임장을 받아 가는 경우가 많다. 민원안내 창구에 문의하면 소유권이전등기신청서 작성법과 관련 서류철 준비하는 순서를 도와준다.

작성한 소유권이전등기신청서와 서류철(등기필증, 취득세 영수증, 국민주택채권거래영수증, 매매계약서, 부동산거래계약신고필증, 토지대장 1부, 건축물대장 1부, 수입인지, 등기수입증지, 매도인 인감증명서, 매도인 주민등록초본, 매수인 주민등록등본), 신분증, 도장을 등기소 직원에게 제출하면 접수증을 준다.

🏃 접수증번호는 인터넷 대법원등기소에서 진행현황을 조회할 수 있다.

3~4일 후 등기소에서 연락이 오면 소유권이전등기를 찾으러 간다.

분양권, 2015년 최고의 투자상품이다

이번 부자노트에서는 최근 주목받고 있는 분양권시장을 전망해보려고 합니다. 2015년부터 분양권시장이 본격적으로 커질 것입니다. 그렇다면 왜 분양권시장이 뜰까요? 한마디로 분양권이 뜰 것입니다.

첫째, 지방으로 몰려든 투자수요가 수도권으로 돌아오고 있기 때문입니다.
자산시장이 뜨려면 무엇보다 돈이 몰려야 합니다. 돈을 벌려면 돈이 모이는 길목을 지키라고 했지요. 2014년 하반기부터 수도권 분양권시장에 돈이 모이고 있습니다. 바로 돈이 모이는 길목입니다.

수도권 분양권시장이 커지는 가장 큰 이유는 풍선효과 때문입니다. 대구 부산 세종시 등 지방으로 몰렸던 수도권 투자수요(가수요)가 연어떼처럼 수도권으로 다시 돌아오고 있습니다. 수도권 분양시장은 2014년부터 뜨거워지고 있습니다. 실수요는 물론 청약통장으로 프리미엄을 받고 팔려는 가수요와 분양권으로 시세차익을 노리는 투자수요가 몰리기 시작했습니다. 물론 아직까지는 돈 되는 분양권에 국한된 얘기지만 말입니다. 화성 동탄2신도시와 위례신도시, 강남권 재건축 일반분양분 등이 수도권 분양권시장을 주도하고 있습니다. 청약 낙첨자들까지 분양권 매입에 나서고 있습니다. 흡사 2000년대 초반 분양권시장 같은 분위기입니다.

둘째, 입주물량 감소로 분양권 미래가치가 높아지기 때문입니다.

부산 등 지방은 2012년 하반기부터 분양시장이 살아나기 시작했습니다. 분양물량이 급증했습니다. 그 열기가 2014년 하반기까지 계속되고 있습니다. 하지만 2015년 이후 입주물량이 급증하면 분양권 투자가치는 떨어질 것입니다. 수급(需給)이 재료에 우선하니까 말입니다.

반면 수도권은 2013년 이후 9.1대책을 정점으로 미분양 물량이 소진되면서 2014년 하반기부터 분양시장이 뜨거워지고 있습니다. 수도권 입주물량은 최소한 2016년까지 감소세를 보일 것입니다. 따라서 2015년은 수도권 분양권에 투자하는데 최적의 타이밍입니다.

셋째, 전매제한 완화에다 분양물량 급증으로 분양권시장이 커지고 있습니다.

분양권시장이 커지려면 두 가지 요건을 전제합니다. 우선 전매제한 규제가 완화돼야 합니다. 지방의 경우 민간택지에 전매제한이 없습니다. 분양계약 후 자유롭게 사고 팔수가 있습니다. 이 때문에 분양시장이 살아나고 분양권 시장이 급속도로 커졌습니다. 2013~2014년 분양권시장은 지방에서 주도했습니다.

하지만 2015년에는 앞에 언급한 대로 수도권이 분양권시장을 주도할 것입니다. 가락시영 고덕주공 둔촌주공 등 대규모 재건축단지가 내년에 분양권(조합원 입주권의 경우 관리처분인가 이후)으로 나올 예정입니다. 여기에 초이노믹스가 추진 중인 분양가상한제 탄력운영이 시행된다면 전매가 사실상 완전 자유화되는 것입니다. 두 번째로는 분양물량이 증가해야 합니다. 바로 수도권 분양권시장이 이런 요건을 충족시키고 있습니다. 수도권 분양물량은 2013년 7만5천 가구에서 2014년 12만4천 가구로 무려 65% 증가했습니다. 6개월 또는 1년 뒤 시차를 두고 분양권물량도 급증하고 있습니다.

이 같은 세 가지 이유로 분양권시장은 2015년에 뜰 것입니다. 여담이지만 지방에 아파트(주로 분양권)에 투자했던 투자자들은 2015년에 수도권 아파트값이 크게 오를 것으로 내다보고 있습니다. 그중에서 분양권 가격이 급등할 것으로 예상하고 있고요. 돈 냄새를 잘 맡는 사람들이다 보니 헛말은 아닐 것입니다. 다만 분양권 투자자는 초기 분양권시장에서 떴다방들이 시장을 어지럽히고 있어 휘둘리지 않는 게 중요합니다. 분양계약이후 중도금 1회차 납부시점 이후 매수타이밍을 잡아도 늦지 않습니다. 투자비가 많이 들지만 잔금 납부 직전에도 좋은 매수타이밍입니다.

실수요자는 위례 동탄2신도시에 가려진 저평가 우량 분양권 옐로칩을 발굴하세요. 투자자는 위례처럼 지역 대표 분양권인 블루칩을 매수해야 합니다. 분양권은 주택을 취득할 권리입니다. 주택이 아닙니다. 따라서 취득 관련 세금도 없고 보유 관련 세금도 없습니다. 매도 시 보유기간에 따라 양도소득세만 내면 됩니다. 2015년에 주택시장에서 분양권은 최고의 투자상품이 될 것입니다.

3~4년 뒤가 걱정입니다

부산은 현재 청약광풍이 불고 있습니다. 이유는 기존 아파트 가격이 많이 올라서 바로 시세차익을 남길 수 있기 때문이죠. 그런데 부산의 아파트 가격은 2년 전부터 위험신호를 보냈다고 합니다. 그런데 요즘도 상승하고 있나 봅니다. 아마 부산의 3년 뒤는 공급과잉으로 몸살을 앓겠죠. 하락하는 전세금, 그리고 뒤를 이어 매매가 멈추게 될 가능성이 높습니다.

부동산 이중계약, 피할 수 있다

전세세입자

신분확인 철저히…

집주인

부동산 사기의 대표적 방법인 이중계약.
교묘한 사기행각을 피하는 게 어렵다고 하지만 그렇다고
속수무책으로 당할 순 없다!

다음 사례를 통해 이중계약을 피하는 방법을 알아보자.

이중계약의 사례

- 전문사기꾼 A는 월세 임차한 아파트의 집주인을 가장해 주변시세보다 싸게 온라인 직거래 카페에 전세로 내놓았다. 전세 계약 시 A는 위조한 신분증과 해당 부동산 등기부등본을 보여주며 세입자를 안심시켰다.
- 원룸건물 소유주 B에게서 인감증명서, 위임장을 받고 관리일체를 위임받은 A는 세입자 C와 전세계약 후 임대인에게 월세계약을 했다고 속였다.
- 무자격자 A는 공인중개사 B의 자격증을 빌려 중개소를 차렸다. 집주인이 월세로 내놓은 집에 대해 전세계약을 알선한 후 보증금을 가로채거나, 이미 전세계약이 완료된 집에 중복계약을 알선하는 행위를 일삼았다.

이중계약을 피하는 방법

임차인 주의사항

1. 주변 시세보다 가격이 현저히 낮으면 일단 의심해야 한다.
2. 직거래보단 중개업소를 통해야 중개업자가 가입한 부동산보증보험에 의한 보호를 받을 수 있다.
3. 중개업소 사무실 내 비치된 중개업자의 등록번호, 자격증을 꼭 확인한다.
4. 임대인의 신분증을 확인해야 하며, 부득이하게 대리인과 계약하는 경우 필요서류 확인(임대인 인감증명서 첨부된 위임장, 대리인 신분증) 및 임대인과 전화 통화로 인적사항을 확인하는 것이 필요하다
5. 등기부상 명의인의 통장으로 보증금을 송금해야 문제가 생겼더라도 더 유리하다.
6. 입주 시 반드시 전입신고와 확정일자를 받아 대항력을 갖춘다.

임대인 주의사항

1. 집을 세놓을 때는 한 지역에서 오래 영업한 신뢰할 수 있는 중개업소에 내놓는다.
2. 위임장에 위임 권한을 기재 시에는 월세(반전세)인지 전세인지를 명확히 적는다.
3. 계약 시 세입자의 인적사항을 반드시 파악한다.

富동산

경매 생활백서

기본적인 용어부터
알고 시작하자

최근 경매에 대한 수요자들의 관심이 부쩍 늘고 있다. 일반적인 매매보다 상대적으로 저렴한 가격에 내 집을 마련할 수 있다는 장점 때문이다. 기본적으로 알아두면 좋은 경매용어들을 정리해봤다.

- **감정평가액** : 감정평가사가 부동산을 평가하고 이를 금액으로 환산한 것. 집행법원은 감정인으로 하여금 부동산을 평가하게 하고 그 평가액을 참고해 최저매각가격을 정한다.
- **입찰** : 입찰표에 입찰가격을 비공개리에 적어 제출하는 것
- **입찰보증금** : 경매물건을 매수하고자 하는 사람이 입찰표와 함께 제출하는 보증금액(최저매각가격의 1/10에 해당하는 금액)
- **경락** : 경매를 통해 매수인이 동산 또는 부동산의 소유권을 취득하는 것
- **낙찰기일** : 입찰을 한 법정에서 최고가 입찰자에게 낙찰허가 여부를 결정하는 날
- **유찰** : 매각기일에 매수하고자 하는 사람이 없어 매각되지 않고 무효가 된 경우
- **가등기** : 소유권, 전세권, 저당권 등 권리에 변동을 일으킬 수 있는 청구권이 있는 사람의 보호를 위해 예비적인 보전수단으로 하는 등기
- **말소등기** : 기존등기가 원시적 또는 후발적인 사유로 실체관계와 부합하지 않게 된 경우 기존등기 전부를 소멸시킬 목적으로 하는 등기
- **공탁** : 채무자를 보호하기 위한 제도로서, 변제자가 변제의 목적물을 채권자를 위해 공탁소에 임치하여 채권자의 협력이 없는 경우에도 채무를 면하는 제도
- **대위변제** : 채무자의 채무를 제3자 또는 공동채무자 등이 채무자를 대신해 변제해주는 것. 변제자는 구상권을 취득해 채권자의 범위 내에서 그 권리를 행사할 수 있다.

한 눈에 보는
법원경매절차

1. 경매신청 및 경매개시결정

채권자가 경매신청서를 작성하고 경매비용(감정가의 1~2%)를 예납하면 법원은 2~3일 후 경매개시여부를 결정한다. 경매개시를 결정하는 경우 매각부동산을 압류하고 관할 등기소 등기관에 촉탁해 경매개시결정사유를 기입하도록 한다.

2. 배당요구의 종기결정 및 공고

압류의 효력이 생긴 때부터 1주일 안에 배당요구종기를 정해 공고 후 부동산에 대한 현황조사 및 감정평가를 한다. 감정인의 평가액을 참작해 최저매각가격을 정하고 매각기일 및 매각결정기일을 지정해 공고하고 이해관계인에게 통지한다.

3. 매각방법 등의 지정, 공고, 통지

매각방법(기일입찰, 기간입찰)을 정하고 매각기일 등을 정해 통지, 공고한다. 매수신청인들은 해당 물건에 관한 자료(현황조사서, 임대차조사서, 감정평가서, 물건명세서)의 열람할 수 있다

4. 매각 실시

집행관이 미리 지정된 매각기일에 매각장소에서 입찰을 실시해 최고가매수신고인과 차순위 매수신고인을 정하고, 공유자우선매수신고, 임차인우선매수신고를 받는다.
입찰탈락자들에게는 보증금을 즉시 반환한다.

5. 매각결정절차

최고가매수인이 결정되면 보통 1주일 안에 매각허부를 결정하고, 그 후 1주일 동안 결정에 불복하는 이해관계인은 즉시항고 할 수 있다.

6. 매각대금의 납부

매각허가결정이 확정되면 매수인은 법원이 정한 약 1달의 기간 안에 매각대금을 납부한다. 매수인이 지정된 지급기한까지 매각대금을 완납하지 않으면, 법원은 차순위매수신고인이 있는 때에는 그에 대해 매각을 허가할 것인지 여부를 결정하고 차순위매수신고인이 없을 때는 재매각을 명한다.

7. 소유권이전등기 등의 촉탁, 부동산의 인도명령

매수인은 대금을 모두 납부하면 부동산의 소유권을 취득하고 법원은 관할등기소에 매수인 명의의 소유권이전등기를 촉탁하게 된다. 매수인은 대금을 모두 납부한 후에는 부동산의 인도명령을 신청할 수 있다.

8. 배당 절차

매수인이 매각대금을 모두 납부하면 법원은 배당기일을 정하고 이해관계인과 배당을 요구한 채권자에게 그 기일을 통지하여 배당을 실시하는데 통상 1~6개월 정도 소요된다.

경매신청 및 경매개시결정

채권자가 경매신청서를 작성하고 경매비용(감정가의 1~2%)를 예납하면 법원은 2~3일후 경매개시여부를 결정한다. 경매개시를 결정하는 경우 매각부동산을 압류하고 관할 등기소 등기관에 촉탁해 경매개시결정사유를 기입하도록 한다.

배당요구의 종기결정 및 공고

압류의 효력이 생긴 때부터 1주일 안에 배당요구종기를 정해 공고 후 부동산에 대한 현황조사 및 감정평가를 한다.
감정인의 평가액을 참작해 최저매각가격을 정하고 매각기일 및 매각결정기일을 지정해 공고하고 이해관계인에게 통지한다.

매각방법 등의 지정, 공고, 통지

매각방법(기일입찰, 기간입찰)을 정하고 매각기일 등을 정해 통지, 공고한다.
매수신청인들은 해당 물건에 관한 자료(현황조사서, 임대차조사서, 감정평가서, 물건명세서)의 열람할 수 있다.

매각 실시

집행관이 미리 지정된 매각기일에 매각장소에서 입찰을 실시해 최고가매수신고인과 차순위 매수신고인을 정하고, 공유자우선매수신고, 임차인우선매수신고를 받는다.
입찰탈락자들에게는 보증금을 즉시 반환한다.

매각결정절차

최고가매수인이 결정되면 보통 1주일 안에 매각허부를 결정하고, 그 후 1주일 동안 결정에 불복하는 이해관계인은 즉시항고 할 수 있다.

매각대금의 납부

매각허가결정이 확정되면 매수인은 법원이 정한 약 1달의 기간 안에 매각대금을 납부한다.

매수인이 지정된 지급기한까지 매각대금을 완납하지 않으면, 법원은 차순위매수신고인이 있는 때에는 그에 대해 매각을 허가할 것인지 여부를 결정하고 차순위매수신고인이 없을 때는 재매각을 명한다.

소유권이전등기 등의 촉탁, 부동산 인도명령

매수인은 대금을 모두 납부하면 부동산의 소유권을 취득하고 법원은 관할등기소에 매수인 명의의 소유권이전등기를 촉탁하게 된다. 매수인은 대금을 모두 납부한 후에는 부동산의 인도명령을 신청할 수 있다.

배당절차

매수인이 매각대금을 모두 납부하면 법원은 배당기일을 정하고 이해관계인과 배당을 요구한 채권자에게 그 기일을 통지하여 배당을 실시하는데 통상 1~6개월 정도 소요된다.

03 경매신청 취하와 취소
같다? 다르다?

2014년 들어 부동산 경매시장이 활황을 맞고 있다.
새해 수도권 아파트 경매 낙찰율이 고공행진하고 있다.
투자자들에게 헷갈리는 경매신청 취하와
취소가 어떻게 다른지 소개한다.

경매신청 취하는 경매신청자(채권자)가 스스로 경매신청을 철회하는 것이다. 이때 경매신청 취하는 신청자 본인만 가능하다. 채무자 또는 소유자는 취하신청을 할 수 없다. 보통 채무자가 채권액 전부를 변제했거나, 채무변제에 대한 합의가 있었을 때 취하가 이뤄진다. 경매신청이 취하되면 압류효력은 소멸되고 경매절차는 자동으로 종료된다.

경매신청 취하는 매수신고가 있기 전에는 다른 사람의 동의 없이 경매신청자 단독으로 가능하다. 그러나 매수신고 후 취하하려면 최고가 매수신고인과 차순위 매수신고인, 또는 매수인(매각허가결정이 확정된 사람)의 동의가 필요하다.

취하신청은 경매신청일로부터 낙찰자가 매각대금을 완납하기 전까지 가능하다. 경매낙찰자인 최고가 매수인은 낙찰 후 허가기간(1주일)과 항고기간(1주일)이 지나면 매각대금을 납부해야 한다. 따라서 경매신청자는 낙찰 후 2주 이내에 경매신청을 취하할 수 있다.

가장 흔하게 발생하는 경매취소는 채무자가 부채를 청산해 경매 진행을 막는 경우다. 이때 채무자나 소유주는 경매취하 권한이 없으므로 민사소송을 걸어 경매를 취소시킨다.

경매신청 채권자가 경매로 배당받을 금액이 없을 경우에도 경매절차는 취소된다. 법원은 채권자의 채권에 우선하는 경매비용을 공제하고 남을 게 없다고 판단하면 채권자에게 이를 통지한다. 이 경우 채권자는 법원통지 7일 이내 남는 금액을 정해 그 가격 이상의 매수신고가 없을 경우 매수신청을 할 수 있다. 이때 채권자는 보증을 제공해야 하는 데 이를 포기하면 경매절차는 취소된다. 이를 무잉여에 의한 경매취소라 한다. 그외 한국자산관리공사의 공매(세금 체납등의 경우 이루어짐)가 경매에 앞서 진행될 경우에도 경매는 취소된다.

실전경매의 기본
말소기준권리

부동산 경매에서 권리분석은 낙찰자에게 낙찰대금 외에 추가부담이 얼마나 있는지를 확인하는 과정이다. 권리분석의 핵심은 말소기준권리다. 말소기준권리만 확실하게 안다면 권리분석의 95%를 이해했다는 말이 나올 정도다.

낙찰자는 낙찰대금 완납과 함께 매각부동산의 소유권을 취득한다. 소유권이전등기를 하는 과정에서 등기부등본 상 권리들은 말소되거나 매수인이 인수하기도 한다. 이때 말소와 인수의 기준이 되는 권리를 바로 말소기준권리라고 한다.

말소기준권리보다 빠른 권리(선순위)들은 매각부동산이 매각되더라도 낙찰자가 인수해야 한다. 즉 낙찰대금 외에 추가로 부담해야 한다는 것이다. 반면 말소기준권리 이후 설정된 권리(후순위)들은 소멸되는 게 원칙이다.

말소기준권리는 5가지다. 말소기준권리가 여러 개 있을 경우에는 순위가 가장 빠른 것이 말소기준권리가 된다.

① (근)저당권 ② (가)압류 ③ 담보 가등기 ④ 말소될 전세권 ⑤ 경매기입등기

예를 들어, 등기부등본 갑구와 을구에 다음 4가지 권리가 설정돼 있다고 하자.

- 2014년 2월 1일 가처분
- 2014년 3월 1일 근저당
- 2014년 4월 1일 가압류
- 2014년 5월 1일 강제경매

이때 등기부등본의 말소기준권리는 뭘까? 말소기준권리 5가지에 포함되는 두 번째 근저당이 말소기준권리가 된다.

따라서 낙찰자가 매수대금을 완납하면 두 번째 근저당 등 후순위 권리는 낙찰자에게 매각부동산의 소유권이 넘어올 때 모두 말소가 된다. 반면 첫 번째 가처분은 선순위로 낙찰자가 인수받게 된다.

05

선순위 임차인과
후순위 임차인은
무엇이 다른가?

난 선순위 임차인.
말소기준 전에
전입신고를 했지

경매로 주택 등을 낙찰받을 경우 낙찰자는 임차인과 크고 작은 갈등이 불가피하다. 이때 임차인이 선순위이냐? 후순위이냐?에 따라 갈등의 차이가 크다. 최악의 경우 낙찰자가 임차인의 임대차 보증금을 떠안을 수도 있기 때문이다.

선순위, 후순위는 근저당권 등 5가지의 말소기준권리에 따라 매긴다. 예를 들어 은행의 근저당권 등기일자가 바로 말소기준권리가 되는 것이다. 말소기준권리 등기일자를 기준으로 이전에 등기나 임차한 임차인을 선순위 임차인이라 한다. 반면 말소기준 일자 뒤에 임차한 임차인을 후순위 임차인이라고 한다.

이때 대항력(집주인이 바뀌더라도 보증금을 받을 때까지 계속 거주할 수 있는 권리)있는 선순위 임차인이 되려면 주택의 입주와 전입신고를 마친 그다음 날이 말소기준일자보다 일러야 한다.

선순위 임차인은 우선변제권을 가지고 배당요구를 하든지, 아니면 낙찰자에게 대항력을 행사할 수 있는 선택적 권리와 두 가지를 모두 행사할 수 있는 권리가 있다. 변제가 다 될 때까지 강력한 대항력을 발휘할 수 있는 것이다. 배당요구를 하고 배당을 받은 것이 임차금보다 부족할 때는 부족분을 낙찰자에게 받을 수 있다. 또 배당요구를 하지 않으면 낙찰자에게 전액을 받을 권리가 있다.

반면 후순위 임차인은 앞선 권리자들이 배당을 받고 남는 게 있다면 배당을 받을 수 있다. 또 주택임대차보호법에 적용 여부에 따라 최우선 변제를 받을 수 있다. 최초 근저당 설정일이 2014년 1월 1일 이후라면 서울 기준으로 보증금이 9천5백만 원 이하일 경우 3천2백만 원까지 최우선 변제받을 수 있다. 물론 이때도 임차인은 대항요건(입주+전입신고)을 갖춰야 최우선 변제받을 수 있다.

경매유찰 시 저감율, 법원마다 달라요~!

어떤 물건에 대한 경매를 진행했으나 입찰자가 아무도 없어 경매 일정이 다음 기일로 넘어가는 경우를 유찰이라고 한다. 경매법원은 경매가 유찰되는 경우 다음 매각기일에 또다시 유찰되는 것을 최소화하고 낙찰률을 높이기 위해 최저경매가 저감 방식을 도입하고 있다.

그러나 경매를 진행하는 모든 법원의 최저경매가 저감율이 다 똑같지는 않다. 2010년 7월말 현재 경매법정이 설치돼 있는 법원은 전국적으로 모두 57곳. 이 중 30곳이 유찰될 때마다 직전 경매가에서 30% 저감된 가격에 경매를 진행하고 있으며, 26곳은 20%, 나머지 1곳은 25%의 저감율을 적용하고 있다.

법원별 경매 저감율

구분	저감율	최초	1회 유찰	2회 유찰	3회 유찰	4회 유찰	5회 유찰
서울중앙지방법원 외 25곳	20%	100%	80.0%	64.0%	51.2%	40.96%	32.77%
인천지방법원 외 29곳	30%	100%	70.0%	49.0%	34.3%	24.01%	16.81%
청주지방법원 충주지원	25%	100%	75.0%	56.25%	42.19%	31.64%	23.73%

경매라는 재테크 수단의 가장 큰 장점은 바로 시세보다 싸게 부동산을 취득할 수 있다는 점이다. 시세보다 싸게 살 수 있다는 것은 경매의 특성상 경매취득 과정에서의 복잡다단함, 즉 권리 및 임대차분석에 대한 복잡함, 명도의 어려움 등 위험적인 요소가 반영된 탓도 있지만 유찰될 때마다 다음 회차의 경매가격이 저감된다는 것이 무엇보다 크다고 볼 수 있다.

예컨대, 서울중앙지방법원 관할지역내 어느 아파트 32평형이 5억 원에 감정평가되어 경매시장에 등장했다고 치자. 현 시세 역시 감정평가액 수준으로 형성됐다고 한다면 일반 매매를 통해 이 물건을 매수할 수 있는 가격은 5억 원이거나 급매물로 나와도 기껏해야 1,000만 원 정도 싸게 살 수 있다.

반면 경매시장에서는 첫 경매가격인 5억 원에 낙찰되는 경우는 극히 드물고 요즘 같은 부동산 침체기에는 1회 또는 2회 이상 유찰되는 물건들이 다반사다. 감정평가액이 5억 원인 경매물건이 1회 유찰되면 저감율이 20%인 경우 4억 원에, 2회 유찰되면 3억 2,000만 원에 경매에 부쳐지는 셈이다.

이 물건이 인천지방법원에 속한 것이라면 저감율이 30%이므로 1회 유찰 시 3억 5,000만 원, 2회 유찰 시 2억 4,500만 원으로 반값 이하로 떨어진다. 저감율이 20%인 물건에 비해 가격저감폭이 훨씬 더 크다. 그만큼 가격 메리트도 더 크다는 얘기다.

그런 이유로 30% 저감되는 경매법원의 경매물건만 찾아다니는 사람들도 있다. 물론 가격하락폭이 큰 만큼 입찰경쟁이 치열해 낙찰가율이 높아질 수 있지만 그렇다고 해도 시세를 넘겨 낙찰되는 경우는 요즘 같으면 더욱 드물다. 인천, 부천, 원주, 대전, 천안, 대구, 제주 등이 유찰 시마다 가격이 30% 저감되어 실시되는 대표적인 경매법원이다.

경매 초보자가 명심해야 할 3가지

경매에 도전하고 싶은데 아무것도 몰라서...

입찰법정

이 시대의 경매 초보자들, 기죽지 마라우~ 다음 세 가지만 명심하면 경매 제낄 수 있어!

경매시장이 뜨겁다!

최근 법원 경매엔 투자자는 물론 전세를 살고 있는 세입자들도
전셋값으로 아파트를 낙찰받기위해 경매시장으로 몰려들고 있다.

경매에서 시행착오를 줄이려면 경매 초보자가 명심해야 할 3가지가 있다.

권리분석과 현장조사는 꼼꼼하게

권리분석은 아무리 강조해도 지나치지 않다. 낙찰과 매각대금 지급으로 인수되는 권리에 대해 입찰하기전 꼼꼼하게 확인해야 한다. 법원에 비치하는 매각물건명세서, 감정평가서 등을 확인하는 것은 물론 부동산등기기록, 건축물대장 등으로 권리 여부에 대한 확인이 필수다. 권리분석이 끝나면 말소되지 않는 적정가와 법정지상권, 유치권 등을 확인하기 위해 발품을 팔아 현장 조사를 하는 게 중요하다.

자신이 잘 아는 물건에 집중하라

재테크에서 성공한 사람들의 공통점은 자신이 잘 아는 것에 집중하는 것이다. 경매도 이와 마찬가지다. 경매 초보자가 시행착오를 줄이고 수익을 꾸준히 올리기 위해선 자신이 잘 아는 지역의 경매물건에 입찰해야 한다. 또 아파트 오피스텔 토지 상가 등 부동산 중에서 자신이 잘 아는 상품에 집중해서 입찰하도록 하자! 모르는 지역, 부동산에는 입찰하지 말 것!

첫술에 배부를 수 없다

경매 입찰의 목적은 수익을 남기는 것이다. 하지만 자신의 자금여력을 감안해 저위험-저수익부터 시작해야 한다. 처음부터 단기적으로 높은 수익을 바라고 경매에 입찰해서는 안 된다. 처음에는 입찰하는 데 부담이 없는 낮은 가격의 물건에 입찰을 하고 낙찰을 받아 적은 수익이라도 올리는 것이 좋다. 그리고 단계적으로 투자규모를 늘려 높은 수익을 올리는 게 좋다. 10년 이상 경매 투자를 한다는 계획을 세워 꾸준히 입찰하는 끈기가 중요하다.

경매, 자금계획부터 철저해야 한다!

최근 경매 입찰경쟁률이 최고치를 찍었다.
경매는 시세보다 저렴하게 살 수 있다는 이점이 있긴 하나
큰 돈이 들어가는 것은 마찬가지!
때문에 **입찰 전부터 자금계획을 철저하게 세우지 않으면 손해를 볼 수도 있다.**
경매를 위한 자금계획은 어떻게 세워야 하는지 알아본다.

경매에 필요한 비용을 알아보자.

● 입찰보증금 : 최저입찰가의 10%

● 잔금 : 낙찰 후 40~45일 이내

기간 내 잔금을 내지 않으면 재매각기일까지 연 20%에 달하는 연체료를 내야하고 재매각 기일을 넘기면 보증금을 몰수당하니 주의해야 한다. 일반 매매는 지불해야 할 잔금이 전세보증금 등으로 묶여 있을 때는 입주일자 조정으로 금액의 융통이 가능하지만, 경매는 명도과정(임차인, 채무자를 내보내는 과정)이 있기 때문에 잔금과 입주가능일 사이에 간격이 존재한다. 따라서 낙찰금액을 한꺼번에 지불할 수 있는 자금 확보 여력이 필요하다.

또한 명도과정에서 한푼도 받아가지 못하는 채무자, 임차인들을 내보낼 때 부가적으로 이사비용이 들 수도 있다는 점을 유의해야 한다.

● 소유권이전비용

매각대금이 지급되면 법원사무관등은 매각허가결정의 등본을 붙여 매수인 앞으로 소유권을 이전하는 등기 등을 촉탁해야 하는데 그 비용은 매수인이 부담하게 된다(민사집행법 제144조).

09 아파트 적정가를 알고 싶다면?

시세와의전쟁

우리 아파트 실거래가?
닥터아파트, 살아있네~

닥터아파트 SMART 실거래가

그래프로 실거래가 추이를 한눈에 본다!

낙찰 받고자 하는 아파트의 적정 입찰가는 얼마일까?

기준을 어디에 두고, 어떤 것을 참고 해 결정하면 좋을까?

사람들은 흔히 집을 처분할 경우 내가 샀던 과거의 가격이나 부동산 활황기 때의 가격을 자기 집 가격이라 믿고 싶어 한다.

과거 7억까지 갔던 집이니 회복시에 7억 원이 다시 될 수 있을 꺼라는 기대감을 품는다. 감정평가는 감정평가사의 개인적 견해(주관)가 개입될 수 있기 때문에 감정평가금액을 100% 확신해서는 안 된다. 감정 당시에는 해당 감정평가금액이 적정한 수준일 수 있어도 평가 시점에 따라 해당 물건의 가치는 낮아질 수도 있다는 점을 명심해야 한다. 따라서 비슷한 조건(동, 층, 향 등. 가장 이상적인 것은 아파트의 경우 같은 동에서 거래됐던 실거래가)의 거래 사례를 찾는 것이 좋다.

부동산 즐겨찾기 닥터아파트 실거래가(http://aptprice.drapt.com)에 들어가면 전국에서 거래되는 아파트 실거래가를 확인할 수 있다. 지역을 선택한 후 시세를 알고 싶은 아파트 이름을 클릭하면 최근 거래된 실적을 조회할 수 있다. 시세는 매매 실거래가와 전세 실거래가로 각각 제공되므로 원하는 시세를 파악하면 된다. 아파트 실거래가는 국토해양부에서도 조회할 수 있다(http://rt.molit.go.kr).

경매 뿐만 아니라 아파트를 살 때도 '이만하면 급매물 가격'이라는 중개업소의 말만 믿고 덜컥 계약을 해서는 안 된다. 직접 발품을 팔면 몇 백만 원은 싸게 살 수도 있다. 집값은 일반 소비재와 달리 거래하는 금액 단위 자체가 다른 만큼, 실제 거래되는 가격을 파악하고 거래에 신중을 기하지 않으면 경제적 손실을 입게 된다.

내 입찰보증금
돌려도~

경매절차에서의 입찰사고는
곧장 입찰자의 손해로 귀결되는 경우가 다반사다.
그 손해 역시 다양한 유형으로 입찰자에게 발생하게 되는데,
입찰보증금 몰수, 임대차 보증금 인수, 말소기준권리 인수 및
낙찰물건에 대한 소유권 상실 등이 그것이다.

'입찰보증금 몰수'는 입찰사고에 기인한 직접적인 손해라고도 볼 수 있지만 향후 더 큰 손해를 줄이기 위한 예방적 차원의 손해라고도 할 수 있다.

예컨대 권리분석 잘못으로 말소되지 않는 권리를 떠안게 되는 경우, 그 권리를 인수하는 것보다는 입찰보증금을 포기하는 것이 더 낫다는 판단 하에 낙찰대금 납부를 포기함으로써 입찰보증금을 몰수당하는 것과 같은 이치다.

낙찰자의 고통스러운 선택이 수반되는 것이지만 더러는 그러한 고민이 필요 없는 경우도 있다. 입찰사고가 있더라도 입찰보증금이 몰수되지 않고 돌려주는 경우도 있기 때문이다.

● 입찰보증금을 돌려받을 수 있는 경우

　① 입찰 무효 사유

　② 매각이 불허가되거나 매각허가결정의 취소

　③ 경매 자체가 취소 · 취하

● 입찰보증금이 몰수되는 경우

　① 낙찰자의 낙찰대금 미납

　② 농지취득자격증명 미제출

11 공유자 우선매수신고제가 뭐죠?

경매에는 '공유자우선매수'라는 것이 있다.

하나의 부동산에 한 사람 이상의 소유권이 존재하는 것으로

그 지분을 소유한 사람을 공유자라고 한다.

공유자 우선매수신고제란 해당 부동산이 경매에 넘어갔을 때 최고가로 낙찰을 받겠다고 신고한 매수인(최고가매수신고인)이 있다고 해도 법원은 그 공유자에게 매각을 허가하는 제도다. 이때 공유자에개 매각을 허가하는 가격은 최고가매수신고인과 같은 가격이다. 이때 최고가매수신고인은 차순위매수신고인으로 본다.

우선매수권의 행사는 법원에서 최고가매수신고인의 이름과 가격을 말하기 전까지 신고를 하고 즉시 보증을 제공해야 한다. 경매 종결 후 우선매수신고를 하면 우선매수권을 행사할 수 없다. 또 우선매수권을 행사했어도 매각기일 종결의 고지 전까지 보증을 제공하지 않으면 우선매수권 행사의 효력(공유자에게 매각허가)은 발생하지 않는다.

그렇다면 '우선매수하겠다'는 공유자가 여럿인 경우에는 어떻게 할까?
공유자 사이에 특별한 협의가 없으면 공유지분비율에 따라 채무자의 지분을 매수하게 된다.

또한 공유자가 우선매수신고를 했는데 다른 매수신고인이 없는 경우라면 최저매각가격을 최고매수신고가격으로 본다.

낙찰받은 부동산 물러고 싶어요

STOP!
매각불허가
신청!!

법원
法

임차인

구매한 제품이 마음에 안 들면 환불받는 세상!
부동산이라고 다를 게 없다.

경매로 낙찰 받은 부동산에 예상치 못한 중대한 하자가 있을 때
낙찰자는 매각불허가신청으로 취소가 가능하다.

아래 사례를 보자.

Q 얼마 전 아파트를 경매로 낙찰받았습니다. 법원에서 작성한 매각물건명세서 상의 내용과 다르게 인수해야 하는 임차인이 있다는 것을 알게 되었습니다. 예상했던 것보다 비용부담이 커져 낙찰 취소 신청하고 싶은데 어떻게 해야 하나요?

A 낙찰자가 모르는 권리관계의 변동이 있는 경우로 매각불허가신청 사유에 해당되는군요.

낙찰받은 직후 일주일이 낙찰자에게는 가장 바쁜 시간일 수 있다. 낙찰결정 7일 후엔 매각허가결정이 나기 때문에 만나지 못했던 임차인 등을 만나며 예상치 못한 위험을 파악해야 한다. 사례의 당사자처럼 대상 부동산의 현저한 훼손이나 중대한 권리관계의 변동이 있음을 알게 되는 등의 경우, 이 기간 내 법원에 매각불허가신청을 하게 된다.

매각불허가 신청을 받은 법원은 이유가 타당하다고 판단되면 매각불허가 결정을 하고 최고가 매수 신고인에게 입찰보증금을 반환해준다.

매각허가결정이 난 후에는 즉시항고를 통해 구제받을 수 있긴 하지만 절차가 복잡하니 발빠르게 움직여 매각불허가신청을 하는 편이 좋다.

별도 배당요구 없이 우선배당 받는다

물론 모두에게 다 해당되는 것은 아니다.

대항력과 우선변제권을 가진 임차인의 경우에 해당 된다.

과거엔 배당요구 종기까지 배당요구를 한 경우에만 우선변제권이 인정됐으나 이제는 별도의 배당요구 없이도 우선해 배당을 받을 수 있다는 말씀!

다음의 사례를 보자.

Q 2012. 2.10.~2014. 2.10.까지 전세보증금 8천만 원으로 회사 근처의 원룸을 구했습니다. 등기부에 소유권 외 설정된 권리가 없어 제가 1순위 권리자이며, 입주 당일 전입신고 하고 확정일자를 받았습니다. 2년이 지나 이사 가야 하는데 집주인이 전세보증금을 돌려주지 않습니다. 이상해서 등기부를 확인해보니 후순위 가압류가 줄줄이 설정되어 있습니다. 경매 신청해서 보증금을 반환받고 싶은데, 우선변제를 받으려면 배당요구의 종기까지 배당요구를 해야 하나요?

A 전입신고와 확정일자를 갖춰 대항력과 우선변제권을 가지고 있는 임차인이 전세금반환청구의 소를 제기하여 확정판결 등 집행권원을 얻으면 살고 있는 임차주택에 대하여 스스로 강제경매를 신청할 수 있다.

민사집행법상 등기하지 않는 임차권을 가진 채권자의 경우, 배당요구의 종기까지 배당요구를 한 경우에만 우선변제권을 인정받을 수 있었으나, 2013. 11. 14. 대법원 판례로 인해 별도의 배당요구 없이도 후순위권리자나 일반채권자보다 우선해 배당받을 수 있는 길이 열렸다.
그 경매절차에서 집행관이 현황조사 등을 통해 임차인의 우선변제권이 확인되고 그러한 내용이 현황조서보고서, 매각물건명세서 등에 기재된 상태에서 매각이 이루어진다면 특별한 사정이 없는 한, 사례자는 배당절차에서 후순위권리자나 일반채권자보다 우선하여 배당받을 수 있다.

14 전셋집이 경매로 넘어갔다면

잘 살고 있던 전셋집이 갑자기 경매로 넘어갔다면 어떻게 해야 할까?
대부분 사람들은 예상치 못한 황당한 사태에
머릿속이 하얘져 무엇부터 해야 할지 모를 것이다.

이 경우 꼭 짚고 넘어가야 할 점은 무엇인지 알아보자.

전세보증금은 반환받을 수 있을까?

전입신고와 확정일자를 갖춘 대항력 있는 임차인이라면 낙찰금의 범위 안에서 후순위권리자보다 우선해 보증금을 돌려받게 된다.

만약 주택임대차보호법의 소액임차인이라면, 최우선변제를 통해 보증금 중 일부는 보호받을 수 있다. 최우선변제는 시기와 지역에 따라 보호되는 금액의 차이가 있다.

언제 집을 비워줘야 할까?

경매 통보를 받았다고 해서 당장 집을 비워줄 필요는 없다. 낙찰자(매수인)가 대금을 모두 납부해야 그 집은 낙찰자의 집이 되는 것이다.

따라서 경매개시일로부터 집을 비워주기까지는 최소한 6개월의 시간적 여유가 있기 때문에 이 기간에 최대한 이삿집을 알아보고 비용을 모아야 한다.

이사비용은 받을 수 있을까?

법적으로 낙찰자가 이사비용을 줄 의무는 없다. 다만 한 푼도 못 받고 이사 가야 하는 임차인과의 원만한 합의를 위해 이사비용을 지불하는 경우는 있다. 임차인이 경매에 직접 참여해 낙찰을 받는 것도 전세보증금을 지키는 방법이 될 수 있다. 이 경우 임차인이라 해서 우선권이 있는 것이 아니라 다른 참여자와 똑같은 조건으로 경쟁해야 한다.

유치권에 발목 잡히지 말라

권리신고를 할 의무도 없고 배당요구를 하지도 않아
입찰자들을 긴장하게 만드는 유치권.
유치권이 설정된 경매물건들은 2,3회 유찰은 기본이고
낙찰을 받아도 유치권확인 및 부존재소송으로 골치가 아프다.

사실 악의적이거나 허위 유치권자들은 법의 보호를 받지·못한다. 따라서 너무 겁먹을 필요는 없다. 유치권을 부정한 판례들을 살펴보자.

경매개시결정 기입등기 후 유치권을 취득한 자

채무자 소유의 건물에 대한 강제경매개시결정의 기입등기 후, 채무자가 자신의 건물에 관한 공사대금 채권자에게 점유를 이전함으로써 그로 하여금 유치권을 취득하게 한 경우, 목적물의 교환가치를 감소시킬 우려가 있는 처분행위에 해당해 점유자는 유치권을 내세워 그 부동산에 관한 경매절차의 매수인에게 대항할 수 없다(대법원 2005.8.19. 선고 2005다22688 판결).

경매개시 가능성을 알고도 유치권을 취득한 자

부동산에 관한 경매절차가 개시될 가능성을 충분히 알고 있으면서도 그 부동산에 관한 공사 도급계약을 체결해 공사를 시행한 자가 공사대금채권에 기초해 낙찰자에 대해 유치권을 주장하는 것은 신의칙에 반하여 허용되지 않는다(대전고등법원 2004.1.15. 선고 2002나5475판결).

채무의 변제기 도래전 점유를 이유로 유치권을 주장하는 자

채무자 소유의 건물에 관하여 공사를 도급받은 수급인이 경매개시결정의 기입등기를 마치기 전에 채무자에게서 건물의 점유를 이전받았으나 경매개시결정의 기입등기 이후 공사를 완공해 공사대금채권을 취득함으로써 유치권이 성립된 경우, 수급인은 유치권을 내세워 경매절차의 매수인에게 대항할 수 없다(대법원 2011.10.13. 선고 2011다55214 판결).

경매 현장조사는
이렇게 하라!

사진과
많이
다른데…

제대로 된 물건을 경락받기 위해선 수개월 전부터 철저한 조사가 뒷받침되어야
한다. 대충 알아보고 무작정 낙찰 받았다가 후회한들 엎질러진 물을 주워 담을 수
없는 법. 사전 확인 사항과 현장조사 시 꼭 파악해야 할 점을 알아본다.

사전 확인할 사항

국민은행, 국토해양부 등 사이트에서 해당 물건의 최소 5년전부터의 시세 및 실거래가를 확인한다. 또 토지이용계획확인원이나 건축물대장으로 해당지역의 지역지구 지정여부를 알아둔다.

현장 확인할 사항

대부분 경매 1회 유찰된 시점부터 현장조사를 다니는데 집주인, 관리사무소, 중개업자들은 똑같은 질문을 수없이 많이 받기 때문에 늦게 조사할수록 제대로 된 답변을 듣기 힘들다. 따라서 해당사건의 **초기에 현장조사를 하는 편이 알짜정보를 캐내기 유리하다.**

해당 물건지 방문 지도나 현장확인조사서로 물건을 다 파악했다고 생각하는 것은 금물!! 이젠 직접 발로 뛰어야 할 차례다. 물건지를 방문하면 대부분 문을 열어주지 않거나 화를 내는 등 비협조적인 경우가 대다수다. 이럴 땐 옆집이나 위 아랫집을 방문해 협조를 구하고 구조를 살펴보는 것도 한 방법이다. 물건지 내부를 확인했으면 밖으로 나와서 건물외부, 일조량, 소음여부, 편의시설과의 접근성 등을 확인한다.

관리사무소 집주인이 살고 있는지 세입자가 살고 있는지, 체납관리비가 어느 정도인지 물어본다. 또 얼마나 많은 사람이 문의했는지 확인하면 경쟁률을 파악할 수 있다.

인근 부동산 대충 시세만 묻고 나온다면 아무 의미가 없다. 전월세는 얼마까지 놓을 수 있는지, 급매물이 있는지 매매는 잘 되는 편인지 확인해야 한다. 추후 매도할 때를 대비해 향후 개발이 가능한 지역인지 여부도 확인해둔다.

세입자가 낙찰받을 경우 상계절차

살던 전셋집이 경매에 넘어가면 가장 당혹스러운
이는 세입자일 것이다.

이때 세입자가 낙찰받을 경우 상계절차는?

살던 전셋집이 경매에 넘어갔을 때 세입자에게는 다음의 3가지 대안이 주어지게 된다.

첫째, 선순위 근저당금액이 작을 경우 대위변제한다.
둘째, 배당요구종기일까지 배당요구하고 보증금을 받아 나간다.
셋째, 직접 입찰에 참여해 낙찰받는다.

세 번째의 경우처럼 세입자가 직접 낙찰을 받을 때 상계절차에 대해 알아보기로 하자.

입찰 입찰은 우선권 없이 다른 참여자들과 동일하게 경쟁하는 식으로 진행된다.

상계신청 낙찰 받은 날로부터 1주일 내 상계신청을 해야 하므로 낙찰 직후 법원 경매계에 비치된 상계신청서 양식을 작성한다.

허가 상계신청이 받아들여지면 대금납부 및 배당기일이 지정되는데 우편으로 통지를 받게 된다. 배당기일에 직면해 배당액이 결정되므로 미리 예상 배당액을 계산하고 넉넉하게 자금을 준비하도록 한다.

납부 지정된 대금납부 및 배당기일 시각에 맞춰 법원 경매계를 방문해 잔금을 납부해야 하며 2~3일 전 법원에 전화해 납부금액과 구비서류를 확인하는 편이 좋다. 구비서류에는 10% 보증금 영수증, 대금지급기한 통지서, 임대차계약서 원본, 주민등록등본 등이 있다. '상계'는 배당받을 금액을 제외한 나머지만 납부하는 제도로 보증금을 모두 배당받지 못하는 후순위 세입자는 오히려 고액 낙찰을 받을 위험도 있다는 점을 명심하자.

따로 또 같이, 중개와 입찰대리

공인중개사도 입찰대리권

있을까? 없을까?

중개업법 개정으로 **공인중개사도 이제는 엄연히 입찰대리를 할 수 있게 됐다.** 중개업법 개정 전에는 법인인 중개업자에 한해 경매 또는 공매대상 부동산에 대한 권리분석 및 취득 알선 업무만 수행할 수 있었다. 취득 알선이 입찰대리권을 포함하느냐 그렇지 않느냐에 대한 논란이 많았지만 개정된 공인중개사의 업무 및 거래신고에 관한 법률에서는 공인중개사에게 입찰대리권이 있음을 명확히 해 논란의 소지를 없앴다.

공인중개사의 업무가 입찰대리까지 확대되면서 업무영역이 넓어졌다고 볼 수 있지만 엄밀하게 따지면 모든 공인중개사가 다 입찰대리를 할 수 있는 것은 아니다.

공인중개사가 입찰대리를 할 수 있기 위해서는 법원행정처에서 지정승인된 실무교육기관(현재 한국공인중개사협회, 경일대학교 2곳)에서의 실무교육(32~44시간) 이수 및 평가 → 교육이수증 교부 → 보증보험이나 공제의 가입 또는 공탁 → 중개사무소가 있는 곳을 관할하는 지방법원장에게의 매수신청대리인 등록 신청 → 매수신청대리인 등록 및 등록증 교부 → 등록증 게시 등의 절차를 거치고 나서야 비로소 입찰대리 업무를 개시할 수 있다.

경매물건 취득 시 중개업자에게 입찰대리를 위탁하고자 한다면 해당 중개업자가 적법하게 입찰대리를 할 수 있는 자격을 갖추고 있는지 반드시 살펴보아야 할 일이다.

낙찰 부동산 전 세입자와 재계약, 할까? 말까?

재계약해도 괜찮을 듯한데…

전세입자

보증금 전액

임대차계약서

낙찰자

경매로 낙찰을 받은 경락인이 직접 거주하지 않는다면
명도를 받고 세입자를 들이는 것도 큰일이다.
이럴 때 기존 거주하고 있던 세입자가 재계약을 요구한다면,

어떻게 해야 할까?

재계약을 해도 괜찮은 경우는 다음과 같다.

● 배당을 받는 세입자
● 관리비를 꼬박꼬박 납부한 세입자
● 월세를 밀리지 않고 지낸 세입자

재계약 절차에 대해 알아보자.

1. 경락으로 인해 전 소유자와 세입자간 임대차계약은 소멸했으므로 낙찰자와 세입자는 새로운 계약을 하게 된다.
2. 세입자의 배당 여부와 무관하게 임차보증금을 받게 되는데, 계약서 작성과 동시에 보증금 전액을 받는 편이 추후 문제의 소지를 줄여준다.
3. 대출시 선순위 임차인이 있는 경우 은행에서는 대출 일부 상환을 요청할 수 있으니 퇴거했다가 재전입하는 것을 특약에 명시하는 편이 좋다.

기존 세입자와 재계약을 하게 되면 세입자를 구하는 노력과 중개수수료 비용절감의 효과가 있으나, 임대차계약서를 쓰면 세입자가 잔금을 지불하지 않더라도 인도명령이 어렵게 되므로 계약 전에 꼼꼼히 따져볼 필요가 있다.

20 인도명령으로 명도부담 내려놓자

세입자

인도명령
결정문

인~도~명~령!!

낙찰자

낙찰을 받고 명도를 앞두고 있는데 현관문은 잠겨 있고 집에 사람은 없다.
관리비도 미납이고 계량기가 돌아가는 흔적도 없는데 문을 열고 들어가도 될까?
소유권이전등기까지 완료되었더라도 법원 집행관이 아닌 이상
문을 열고 들어간다면 주거침입죄가 성립된다.
그러나 걱정 마시라!
소송까지 갈 필요없이 명도받을 수 있는 인도명령이 있다.

인도명령 진행절차는 다음과 같다.

인도명령신청

잔금 완납일로부터 6개월 내 잔금완납증명서를 첨부해 법원에 신청한다. 6개월이 지나면 명도소송을 통해 인도받아야 하므로 잔금납부와 동시에 인도명령을 신청해둔다.

인도명령결정

통상 신청 후 1주일 내 법원은 인도명령대상자(점유자)에게 인도명령결정문을 송달한다. 낙찰자는 인도명령결정문과 송달증명원을 가지고 관할 법원에서 강제집행신청을 한다.

강제집행신청

인도명령 송달을 받은 점유자와 이사비용 등에 대한 합의가 이뤄지지 않으면 강제집행을 진행하게 되는데 비용은 대량 1백만~2백만 원 수준이다.

법원 집행관실에서 신청서를 작성하고 예치금을 예납한 후 날짜를 조율해 예비 방문하게 되는데 빈집일 경우 2차 집행기일을 잡는다. 이때도 빈집이라면 문을 열고 들어가 안에 있는 짐들을 꺼내고 3개월 동안 물류센터 등에 보관해야 한다.

NEW 부동산 생활백서 시즌2

초판 1쇄 발행 2015년 2월 13일

지은이 | 닥터아파트 리서치연구소
펴낸이 | 홍경숙
펴낸곳 | 위너스북

경영총괄 | 안경찬
기획편집 | 박현진, 노영지

책임편집 | 박현진
표지디자인 | 김보형
본문디자인 | 정현옥
제지사 | 한솔PNS(주)
인쇄 | 영신문화사

출판등록 | 2008년 5월 2일 제310-2008-20호
주소 | 서울 마포구 합정동 370-9 벤처빌딩 207호
주문전화 | 02-325-8901
팩스 | 02-325-8902

ISBN 978-89-94747-35-4 (03320)

이 도서의 국립중앙도서관 출판예정도서목록(CIP)은 서지정보유통지원시스템 홈페이지(http://seoji.nl.go.kr)와
국가자료공동목록시스템(http://www.nl.go.kr/kolisnet)에서 이용하실 수 있습니다.(CIP제어번호: CIP2015002090)

위너스북에서는 출판을 원하시는 분, 좋은 출판 아이디어를 갖고 계신 분들의 문의를 기다리고 있습니다.
winnersbook@naver.com | Tel 02) 325-8901